无限投资

[美]托比·马西斯（Toby Mathis）◎著　王礼◎译

INFINITY INVESTING

How The Rich Get Richer And
How You Can Do The Same

图书在版编目（CIP）数据

无限投资 /（美）托比·马西斯著；王礼译 . -- 北京 : 中信出版社 , 2023.9
书名原文 : Infinity Investing: How The Rich Get Richer And How You Can Do The Same
ISBN 978-7-5217-5781-1

Ⅰ . ①无… Ⅱ . ①托… ②王… Ⅲ . ①私人投资 Ⅳ . ① F830.59

中国国家版本馆 CIP 数据核字 (2023) 第 119650 号

Infinity Investing by Toby Mathis.
ISBN: 978-1-950863-27-3
Copyright © 2021 by Toby Mathis.
All rights reserved. No part of this book may be used or reproduced in any manner whatsoever without prior written consent of the author, except as provided by the United States of America copyright law. Cover design by David Taylor.
Simplified Chinese edition copyright © 2023 by CITIC Press Corporation.

本书仅限中国大陆地区发行销售

无限投资

著者：　　[美] 托比·马西斯
译者：　　王礼
出版发行：中信出版集团股份有限公司
　　　　（北京市朝阳区东三环北路 27 号嘉铭中心　邮编　100020）
承印者：　北京诚信伟业印刷有限公司

开本：787mm×1092mm 1/16　　印张：14.75　　字数：148 千字
版次：2023 年 9 月第 1 版　　　　印次：2023 年 9 月第 1 次印刷
京权图字：01-2021-4497　　　　　书号：ISBN 978-7-5217-5781-1
　　　　　　　　　　　　　　　　定价：59.00 元

版权所有·侵权必究
如有印刷、装订问题，本公司负责调换。
服务热线：400-600-8099
投稿邮箱：author@citicpub.com

谨以此书，献给那些曾经被告知"你做不到"的人。

他们在撒谎，因为你做得到！

作者的话

我接下来要讲授的内容你可能闻所未闻，甚至觉得是危言耸听。你也可能会幡然醒悟，意识到你被许多所谓的专业人士欺骗了，白花了钱。本书重点揭示的是，你应该有能力去掌控金钱和管理你的未来。读完本书，你将清楚地知道无限投资（Infinity Investing）意味着什么。

序言

本书中讨论的"无限"概念，是指你可以充分发挥潜能，达到一个理想的财务状态。在这样一个状态下，除非你自己有意愿，否则不需要再通过工作赚钱谋生。它将帮助你保持正确的心态，并做出最佳选择。事实上，有时我们无法控制的事件会影响金融市场。这些事件包括国家紧急事件、恐怖袭击、战争、流行病等。当这些事件发生时，它们会对我们的财务收支以及个人幸福产生巨大的影响。这个世界充满了风险。

新冠肺炎疫情就是生活脆弱性的最好示例——我们没有生活在风险真空。疫情不仅造成了巨大的市场损失，减少了对石油的需求，减少了全世界范围内的人员流动，还导致数百万人失业。这些人由此陷入严重的财务困境，也许你就是受影响的人之一。

疫情对经济的真实影响可能需要数年时间才能看到全貌，但它已经给我们上了重要的一课——抱最好的希望，做最坏的打算。在投资界，你必须知道如何照顾好自己——无论身处顺境还是逆境，你都需要照顾好自己。要做到这一点，你需要一位好老师、一个开放的头脑，以及学好历史的决心。

历史一再向我们表明，美国的投资者对市场上的重大事件往往反应过度。无论是艾滋病、"非典"、中东呼吸综合征、埃博拉病毒、寨卡病毒还是麻疹，市场在短期内往往做出非常悲观的反应，但长期内会复原。这也适用于其他所谓的黑天鹅事件，包括阿以战争和石油禁运、伊朗人质危机、第一次海湾战争、"9·11"恐怖袭击事件，以及经济衰退。复苏总会到来，尽管有时复苏是缓慢的。

你大可放心，从历史上看，华尔街对疫情的记忆通常是短暂的，很快就会忘记负面影响，并在6个月内开始恢复市场信心。事实上，如果你看一下我刚刚列出的各种流行疾病的6个月"快照"，就会发现，几乎所有疫情暴发后的6个月时间里，市价波动都回到了正区间。唯一的例外是艾滋病危机，但也只是在6个月的时间里下降了不到半个百分点。

问题的关键不在于市场是否会复苏，而在于市场需要多长时间才能恢复。当你清楚地了解到，有线电视新闻节目的主持人鼓吹厄运、贩卖焦虑，往往会比传导乐观信号带来更好的收视率时，你怎样才能在等待复苏的时间里始终保持冷静和理智呢？

沃伦·巴菲特曾在致股东的信中提出，别人恐惧时我们应该贪婪，别人贪婪时我们应该恐惧。这一说法慧眼独具，启示人们不要相信所有的波动，不要相信所有的悲观主义者，也不要相信所有的乐观主义者。真相通常位于极端乐观主义者和悲观主义者之间，从长远来看，富有纪律性的投资者才会是终极赢家。

我的成功，一直是目光长远的结果。最长远的目光是什么？无限！这就是为什么我把我的方法称为无限投资。

> 我的成功，一直是目光长远的结果。最长远的目光是什么？无限！这就是为什么我把我的方法称为无限投资。

我告诉我的学生，我们的投资持有期是没有边界的。当我们买东西时，我们的目的不应该是为了获利而持有。当然，这并不意味着你永远不能出售资产，而只是意味着购买的目的不是出售。我们将以可持续的方式利用资产赚钱，由此可以避免做出违背现实的鲁莽决定。更重要的是，当我们卖出某项资产时，我们并不是在卖出，而是在把它换成其他资产，因为我们在其他地方看到了更好的机会。

在一个完美的世界里，你只需要积累资产并依靠它们生活。你会把财富传承给后代，或捐赠给你关心的社会机构，让有需要的人继续从你曾经赖以生存的收入流中受益。但我们知道，这个世界并不完美，任何计划都需要有灵活性，以适应意外事件的发生。就好像一架波音747飞机从西雅图起飞，飞往纽约，而风向突然转向南方，飞行员需要及时应变。飞机仍将飞往纽约，但必须在途中不断修正航向。我们永远不知道会遇到什么阻力，永远不知道天气会发生什么变化，也不知道行程中是否有暴风雪。唯一确定的是，我们需要绕过这些障碍，顺利到达目的地。

投资也不例外。我们先要明确目标，然后设定正确的路线，再根据需要及时调整路线。即使是在危机及其后续期间，我们当中谨慎的投资者也会这样做，而且终将收获"时间的玫瑰"。

在我遇到的第一批白手起家的千万富翁中，有人告诉我，"不要紧盯着你的账面价值，不要紧盯着你的房产价值，而是要关注这些价值产生了多少收入和现金流"。只要我的资产还在持续产生现金流，我就不会过分担心。需要担心的人是投机者和赌徒，他们要靠资产价值波动才能赚钱。这意味着，无论市场是涨是跌，只要发生剧烈波动，他们就会寝食不安。这种做法不是无限投资。

有些人会告诉你，他们喜欢跌宕起伏的市场波动性，当持有的股票市值增加时，他们的肾上腺素就会飙升；而一旦股价下跌，他们的胃部就会不适。这些人不是投资者，他们是职业赌徒，是试图炒短线的职业赌徒。我想对所有投资者说，你不应该和职业赌徒正面交锋。让他们做他们想做的，我们做我们要做的。最终，我们会取得巨大的成功。当然，这并不意味着他们就一定不会成功。我想说的是，我们不应该与炒短线的人为伍。

如果你自学了一些基本的投篮技巧，并且每天练习投篮，你可能会练就不错的投篮技能。于是你建立了自信（把自己想象成一名篮球运动员），认为自己已经可以和专业选手同场竞技了。你来到专业场馆，参加比赛，你说："我要打篮球。"这时候"詹皇"勒布朗·詹姆斯走过来，他说："我也要打。"你认为你有获胜的机会吗？然而，业余投资者几乎每天都会尝试这样做。他们学习了一些"交易技巧"，就迫不及待地与世界上最优秀的交易员进行正面交锋。最后肯定会分出赢家和输家，而最大的可能是你会成为输家。

不要玩这种游戏。

相反，你应该关注市场上的双赢场景。事实上，你应该让

"詹皇"做他所擅长的事情，然后你投资联赛。在这样的情况下，你们都是赢家。

所谓无限投资，指的是无论市场怎么样，你都能在无限的时间内赚到钱。正如你将在本书中看到的，无限投资在很大程度上依赖于市场历史的经验教训。我们用它来最小化风险，确保年复一年、一代又一代，甚至如果运气足够好的话，一个世纪又一个世纪地获得持续回报。

前言

我的成长过程中有很多导师,包括我的教练、老师、朋友、父亲以及朋友的父母。我从几个主要导师那里学到了很多东西,他们各有专长,以不一样的方式教给我同样的一课。我的父亲就是这样一位导师,从大学毕业到退休之前,他一直在同一家公司上班,这家公司是一家《财富》世界百强企业。我的父亲是家族中最早的大学生之一,为此他很是自豪。他希望孩子们都能上大学,并在大公司找到好工作。

相比之下,我的另一位导师是朋友的父亲。他是一位企业家,从来没有谈论过大学这个话题(尽管他一定是大学毕业生,因为在赚钱后,他获得了 MBA 学位,甚至有过短暂的法学院教育背景)。他喜欢告诉每一位听众,大学教授讲的都是废话。他拥有一家拍卖清算公司,还有几家店铺,对各种商业模式的运作规则融会贯通。从诺德斯特龙、开市客、家得宝,到学区、当地警察局,甚至国税局的物业和其他资产,他参与清算、拍卖的标的无所不包。① 请注

---

① 诺德斯特龙(Nordstrom)是美国高档连锁百货集团,开市客(Costco)是美国最大的连锁会员制仓储量贩店,家得宝(Home Depot)是全球领先的家居建材用品零售商。——译者注

意，这是在亿贝和 Overstock.com 等互联网电商平台给传统零售行业带来冲击之前，他使用电话和传真机在世界各地促成了数百万美元的资产交易。①他的经历极具传奇性，而更突出的是他对商学院教学方式的蔑视。他认为，商学院教学总是照本宣科，忽视人际关系、信心和创造性思维的作用。一直到过世，他都认为美国政府是缺乏效率的，他也不参与政治，但并不像当前很多人那样抱怨政府；相反，他更专注于身体力行，以私营企业的活力和创造性来提升社会效率。

我经常拿他和我父亲做比较。我父亲时不时就会对工作和经济状况感到沮丧和愤怒。我从小就了解这一点，但一直到长大以后才明白其中究竟。我父亲回家时常常面带愁容，很少谈论他在工作中的所作所为。而我朋友的父亲却几乎总是乐观向上、充满活力，经常谈论他所从事的工作，非常乐意倾听他人的意见。我的朋友开玩笑说，他的父亲整天都在与"密友"见面，其中的一些"亲信"实际上是企业家和投资者，或者工程师、房地产中介及其他生意人。他们会和我交谈，鼓励我找到自己的人生之路。他们很乐意分享他们是如何实现财务自由的，讨论这些话题时甚至会很激动。我父亲则没有这些"工作上的朋友"，我见到父亲的同事时，他们表现得非常友善，但似乎心不在焉，好像在做交易，社交活动只是他们达成交易的一种手段。

我不能对我父亲的同事说任何负面的话，他们都很善良，很

---

① 亿贝（eBay）是美国知名的电商平台，Overstock 是美国知名的网上购物平台和品牌折扣销售平台。——译者注

成功，看上去都是好人。但我导师的富人朋友无一例外，似乎都不太关心钱。他们都忙着谈论下一次冒险、新产品发布，或者其他感兴趣的事情。相比之下，我父亲的同事似乎都专注于完成他们会面的目的。这之间有着微妙的区别。我现在看到了这两个群体之间的巨大差异，并对他们的动机有了更好的理解。而我父亲直到参加某场由成功商人（其中包括实现财务自由的企业家）组织的小型晚宴，才意识到这一点。他幡然醒悟，立即催促我花时间与那些成功的企业家多交往。

这是他第一次对我说，他知道"什么不该做"，并希望我和那些"知道该做什么"的人多多相处。父亲告诉我不要像他那样为美国企业打工。他甚至说："托比，大学并不适合所有人，你应该自己创业。"好像是想让我相信这一点，他把我介绍给他的朋友，他们有自己的生意。其中一位朋友拥有一系列特许经营权，包括赛百味（Subway），这位朋友还在不断增加他的特许经营权资产。他偶尔会和我共进午餐，给我一些建议。他告诉我的一件事比其他任何事都让我印象深刻。我问他最喜欢做什么，他当时的回答似乎有些奇怪。但30年后的今天，我仍然对此记忆犹新且深受影响。他当时的回答是，如果某位员工的工作表现很出色，他希望自己能够爽快地说："带你的爱人去一个非常好的地方吃饭，费用包在我身上。"这不是我当时所期望的回答，但现在我明白了。

回顾过往，我相信我父亲很沮丧，因为他觉得自己无法掌控一切。在他看来，他的工作是被动的，因为他觉得自己受到别人的操控。除此之外，他还欠下了一笔贷款，有一个家庭要养活。他一定觉得自己被经济负担束缚了，一直都在为别人打工，为还债所困。他环顾四周，看到了一些人，他们并没有背负和他一样的经济负担。我父亲做了任何一位好父亲都会做的事情，让他的孩子们放飞自我。但是他自己不知道如何才能做到这一点。

我朋友的父亲正好相反，他有自由。他似乎没有真正的日程安排，也没有紧迫的任务。他在经济上是独立的，无论是否上班，都不影响他赚钱，所以他有时间做其他事情。他飞遍全美考察投资，并帮助人们创办自己的企业。不管别人是为《财富》世界500强企业工作还是自己创业，他都鼓励他们要努力实现生活自主，财务自由。他向他们展示了如何创造现在所说的被动收入——无论你是睡着还是醒着，都能获得收入；无论你是在办公室还是在度假，都能获得合法收入。这种收入让你能够生存，并照顾你的家人，还可以捐助你关心的组织。

事实上，我所有的导师都有一个共同点——他们想要财务自由。许多人已经实现了这一目标，并积极主动地践行简明易懂的财富创造哲学来保障他们的财务自由。如果我父亲今天还活着，我会告诉他，他的直觉是正确的，由于他对某些事情有所洞察，我才能生活在极大的自由中。至于我朋友的父亲，在他去世之前，我得到了和他交谈并向他表示感谢的机会。我和他说的是，他一生自由，他非常清晰地知道自己要什么，并终生坚持自己的追求。我也把这段话留给我自己。

> 事实上，我所有的导师都有一个共同点——他们想要财务自由。许多人已经实现了这一目标，并积极主动地践行简明易懂的财富创造哲学来保障他们的财务自由。

想象一下，当你拼命工作的时候，你仍然感到束缚，完全无法自主。如果你努力工作，仍然感到无助，肯定会沮丧甚至发狂。如果我们有其他选择，就不会选择这样的生活。但现实的情况通常是，如果我们不积极规划，财务负担就会悄悄地降临到我们身上。我们被我们负担不起的生活方式和旨在侵蚀我们财富的投资所囚禁，被骗进了金笼子，失去了自由。

为了挣脱牢笼，甚至完全避开它，你所需要的只是一种可以防止你被骗去做那些会造成金融监禁的事情的方法。这种方法其实非常简单，没有火箭制造技术那么复杂。但简单并不意味着容易。例如，减肥似乎很简单，燃烧的热量多于你吸收的就行了，但对大多数人来说减肥并不容易，因为需要高度自律和不懈努力。赚钱也是一样。避开金融监禁的解决方案很简单，在本书中，我将向你展示如何一步一步地做到这一点。这里不需要别人提供的金融服务，但需要你的自觉。

无论你是富人还是穷人，无论你是工薪阶层还是个体经营者，无论你是否上过大学，你都可以使用富人世代使用的工具，为自己和家人创造永久财富。

> 无论你是富人还是穷人，无论你是工薪阶层还是个体经营者，无论你是否上过大学，你都可以使用富人世代使用的工具，为自己和家人创造永久财富。

我怎么知道这些？

作为一名税务律师，我曾与数万名投资者合作，目睹了哪些人一直在赚钱，以及他们是如何赚钱的。从他们的财务记录中可以明显看出，哪些人必须靠打工赚钱，而哪些人是不劳而获的。我看到了他们的纳税申报表，知道是谁创造了真正的财富，是谁寅吃卯粮、徒有其表。在此基础上，我深入研究了美国国税局每年公布的数据，发现最富有的人有着一致的金融行为和模式。事实上，任何人都可以创造永久的财富。你也完全可以做到——这其实是一个小学四年级学生都会做的简单数学题。接下来只需要遵循这套原则，静待花开。欢迎打开无限投资之门。

本书的章节编排是为了指导你完成这个过程。第1章旨在帮助你理解财务自由意味着什么。第2章介绍"金融监禁"的概念。事实上，大多数金融机构都在限制你利用自己的资金谋取福利。我要直言不讳。很多金融机构都在欺骗我们，它们这样做是因为法律允许它们这样做，而且，坦率地说，我们一直被蒙在鼓里。我们很容易一次又一次地成为牺牲品，我们需要搞懂我们的钱去了哪里，并搞清楚我们的退休基金是怎么回事。当你真正开始深入思考这些问题时，你会意识到金融机构的行为是怎样一步步地让我们套上债务的枷锁，让我们，特别是年轻人，失去希望。

第 3 章将讨论富人和穷人之间的最大区别。提示一下，这可能与你过去所学的知识截然相反。

第 4 章到第 6 章将讲解如何计算"净收入"，以及它的重要性。我描述了我的方法与传统方法的不同之处，以及为什么传统方法不过是金融机构的诡计。一旦你理解了这个方法，我可以向你展示如何将旧的数字转换成新的数字来制订你的无限投资计划。

除了研究积累财富的成功人士，我还研究了其他人不成功的原因，正如约翰·杜威（John Dewey）所说，"失败是有益的"。我们可以从别人的错误中学到很多。这些失败通常分为三类，既然可预测，就必然可避免。第 7 章和第 8 章指出了让人们陷入财务牢笼的三个"赌注"（三大戒律），然后分析了人们挣脱束缚的三大法则。这是一个普遍的真理。如果你做了这些人正在做的事情，你就会加入他们，你将至少跻身前 20% 的财富持有者之列，并有机会跻身前 2%，他们就是我们俗称的"千万富翁"。

你是否意识到我们每个人都是财务上的"农奴""学徒""骑士""管家"？在第 9 章中，你将会了解到这些词的含义以及你所在的等级。你对这些可能闻所未闻，但它精准指向你的财务盲点，并帮助你做出调整，以提升你的财富等级。第 10 章描述了富人的投资模式。我们的研究表明，如果你遵循这个群体的投资模式，你很可能也会致富。你将在第 11 章中学习到一种独特的投资策略，成为我所说的股市"房东"，并在第 12 章学习到如何提高你的财富等级。

值得一提的是，本书介绍的不是一个快速致富计划，而是一个长期计划，如果遵循它，可以为你和后代创造财富。和任何长期计划一样，它从具体的、即时的策略开始。在第 13 章中，我介绍了一个 90 天计划，请你在阅读完本书后立即开始行动，从迈出关键的第一步开始。最后，我将向你展示自我管理的重要性。成功的最大障碍之一是自控性缺失。无论是健身、饮食还是财务目标，督促小组都能极大地增加任何人实现个人目标的概率。

你准备好向你自己的无限投资计划迈出第一步了吗？继续阅读！

目录

第1章 如何定义财务自由
　　财务自由意味着什么　／5
　　关于财务自由的练习题　／6
　　需要、想要和愿望　／9

第2章 你是如何套上债务枷锁的
　　金融机构的秘密　／15
　　对社保和退休储蓄的误解　／18
　　债务负担　／20
　　受托人的重要性　／22
　　你的投资账户中的实际数字　／24
　　你的投资真的赚钱了吗　／27

第3章 富人思维和穷人思维
　　对金钱的误解　／35
　　传统智慧并不总是明智的　／38

以心态为出发点　　　／40

第 4 章　如何计算你的净收入

来自国税局的"敲打"和"鼓励"　　　／46
读懂金融术语　　　／48
各种收入税率不一　　　／52
从大富翁游戏中学习积累资产　　　／54
富人的收入来源　　　／57
无限计算器　　　／59

第 5 章　计算净收入的传统方法

房产是你的最大资产吗　　　／68
传统方法有什么问题　　　／71
上大学的费用值得吗　　　／73
不要成为别人的金融囚徒　　　／74

第 6 章　用无限计算器计算资产净值

算出你生活所需的收入　　　／83
深思熟虑之后再做决定　　　／85
确定产生无限收入的资产类型　　　／92
计算每天的无限收入　　　／95

第 7 章　无限投资的三大戒律

无限投资的三大戒律　　　／104

失败的循环　　　/ 109

第 8 章　无限投资的三大法则
避开那些让你泄气的人　　　/ 116

无限投资的三大法则　　　/ 119

持有资产的效应　　　/ 124

最好的时机是现在　　　/ 127

第 9 章　弄清楚你的财富等级
农奴，没有被动收入的人　　　/ 134

学徒，遭受意外损失还能生存下来的人　　　/ 135

骑士，不再需要工作的人　　　/ 135

管家，真正富有且主动帮助社会的人　　　/ 136

你在哪个位置　　　/ 139

第 10 章　股市，富人投资的地方
股票市场的优势　　　/ 144

传统投资者的思维方式　　　/ 145

富人如何利用股市　　　/ 148

关注股息　　　/ 149

股息之王和股息贵族　　　/ 151

股票盘面　　　/ 154

股息的力量　　　/ 157

第 11 章　如何做股市中的"房东"

出租你的股票　　／ 162

每一次租房都需要房东　　／ 165

期权市场　　／ 167

优先出租　　／ 169

备兑开仓策略　　／ 173

ETF 和 REITs　　／ 174

第 12 章　无限分配模型，提高你的财富等级

无限分配模型　　／ 180

为你的投资组合选择合适的股票　　／ 182

5 万美元的投资组合　　／ 187

超过 5 万美元的投资组合　　／ 188

超过 10 万美元的投资组合　　／ 192

第 13 章　90 天财务计划

可投资额不足 5 万美元　　／ 199

可投资额超过 5 万美元，但低于 10 万美元　　／ 200

可投资额超过 10 万美元，但低于 15 万美元　　／ 202

可投资额达 15 万美元或以上　　／ 203

最后的想法　　／ 205

致谢　　／ **209**

第 1 章

如何定义财务自由

戴维是我的一位朋友，住在西雅图。他做过多年的餐馆老板，在很多方面获得了成功。我刚认识他时，他正在把生活目标由发家致富转变为改变人们的生活。作为计划的一部分，他的经营重心已经从餐饮业过渡到房地产行业。我是在担任法院指定的监护人，帮助一位老年人时认识的他。在这个故事里，我管这位老年人叫苏。

苏的房产价值不菲，引来了一位邻居的觊觎。她陷入了财务困境，邻居知道她没有缴房产税，于是正在联系县政府，看政府是否可以协调以苏的房产作抵，由他代为偿还债务。我被拉进来是因为苏需要帮助。她的电源被切断了，房子状况很差，几乎无法居住。邻居没有帮助苏，反而趁火打劫，把苏的困境当成一个以止赎价格获得西雅图优质房产的好机会。有人推荐戴维做房地产中介，是因为他经常以非常优惠的交易佣金帮助有困难的人。随着对戴维的了解逐步加深，我发现他是一个有趣的人，还得知他在西雅图经营餐馆赚了一大笔钱。

在和戴维打交道的过程中，我从他身上学到了一些重要的经验。第一,他告诉我,除了成功经营餐馆,他一度没有任何人生目标和计划。换句话说,他的目标是通过餐馆生意赚到一定金额的钱,我们姑且假设为每年100万美元。除此之外,他什么都不想。他告诉我,当他第一年如愿以偿地赚到100万美元时,那可能是他人生中最糟糕的时期,他不知道该怎么办。他做了很多暴发户会做的事情。他开始大肆挥霍,染上了吸毒、酗酒和其他更恶劣的毛病。所有坏习惯他都想沾染。戴维的生活失控了。这引出了第二条经验。戴维说,在整个过程中,幸运的是他大量投资了西雅图的房地产。他回顾到,即使他设法摧毁了自己的餐馆,并尽己所能把生活搞得一团糟,但房地产一直支持着他,正如他所说,"(房地产)救了我,救了我的命"。

尽管戴维曾经迷失了方向,但他最终重返正轨。让我感兴趣的是,他的新生活与餐馆无关,转而去帮助和服务有困难的人,他的投资支撑了他的人生蜕变。当我再次遇到他时,他更成熟、更睿智了,他说他不怀念餐馆生意。他热爱房地产,他喜欢帮助那些无依无靠的人。

戴维帮助我照顾苏,而且帮了很大的忙。从那以后,我和他保持了多年的联系。他总是竭诚帮助别人,这让我有点儿嫉妒。我是一名专业人士,我努力提升自己,花了很多时间,全身心投入工作。我由衷地羡慕戴维活得如此放松,他似乎享受着每一分钟。在我看来,戴维除了思考怎样帮助下一个人,根本不考虑其他事情。

> 毫无目的地选择一个金额作为财务目标,可能会带来人生的

灾难。就好像你努力爬到山顶，却没有计划好怎样顺利返回。

"

最让我感受深刻的是戴维描述他做餐馆生意时达成收入目标的高光时刻，以及此后他的生活是如何迅速失控的。毫无目的地选择一个金额作为财务目标，可能会带来人生的灾难。就好像你努力爬到山顶，却没有计划好怎样顺利返回。任何一位成功的登山者都会告诉你，当你到达顶峰时，你只是走到一半；你还有后半段旅程——顺利返程。你必须通盘计划赚取第一桶金以及其后的增值保值活动，你需要建立正确的财富观。

财务自由意味着什么

你正在认真阅读本书，这一点就表明你对管理自己的财务未来有着浓厚的兴趣。祝贺你！你已经自拔于流俗。太多的人得过且过，完全没有意识到自己被各种金融机构所"监禁"。你已经做出了改变生活的决定，选择花时间学习投资，你将不再以陈腐的方式看待金钱。不管你现在多大年纪，本书都将帮助你绘制一幅通往财务自由的路线图，并且有明晰、具体的步骤。也许你是一个 20 岁的年轻人，正试图做出理财的决定；也许你已经 50 岁了，有一些不得已的情况，此时此刻，你意识到需要为不久的将来调整财务收支计划。本书的目的是帮助你，而不是为年轻读者设定不切实际的目标，也不是让老年读者对他们尚未完成的事情感到内疚。

本书探讨的是如何取得成功,书中的信息源自我 20 多年来为富人客户提供咨询的经验,以及我在律师、企业家和投资者职业生涯中与数千名富人客户合作时收集的素材和数据。它介绍的是一种逐步致富的方法,而不是一个暴富计划。我在工作中发现了一些特定的、反复出现的因素,这些因素将富人与穷人区分开来,而这些因素几乎肯定不是你所想的。这与你在大学里的表现或你在哪里长大无关,归根结底是心态在起决定作用。具体来说,这取决于你的信仰体系,以及你在多大程度上相信自我管理的效力。

关于财务自由的练习题

让我们做一个简单的练习,帮助你弄清楚财务自由对你来说意味着什么。这个练习要求你回答以下问题:财务自由对你来说意味着什么?为了帮助你回答这个问题,请安静下来,闭上眼睛,认真思考,然后写下你的答案。

我先做示范。对我来说,财务自由意味着我可以去自由旅行。按照练习的要求,我会把它写下来。

下一步接着回答问题:"为什么这对你很重要?"

我会问自己:"为什么旅行对我来说很重要?"我可能会写下我想体验祖先留下的文化。

继续重复同样的步骤,直到你找到激励你的核心——财务自由对你个人来说究竟意味着什么。

继续现身说法,我会问自己:"为什么旅行和体验祖先的文化对我如此重要？"我会记下答案，这将帮助我更好地了解自己的价值观和家庭背景。然后我接着问自己："为什么这对我很重要？"

使用这一方法，利用这个过程进行深入思考，以获得清晰的信息。每次你这样问自己，它都会帮助你思路更清楚、更接近核心价值，从而让你坚持自己的计划。

有些人把这称为自我认识的"非做不可的理由"。如果你知道自己为什么要做某事，那就成功了一半。你可以专注于它。你可以把它写在一张纸上，然后说，"这就是为什么这对我很重要"。研究表明，通过写下终极目标这一简单步骤，你实现目标的概率会增加300%。我们整本书讲述的都是通过正确确定目标并将其写下来，从而实现目标的诀窍。就我们的目的而言，我们想要确定什么对你来说是重要的，这样你就可以把它放在重要的位置上。或者，如果你为人父为人母，那么你就可以把它变成对你的家庭很重要的东西，你可以说，"这就是我们想要的，这是我们的立场"。

没有这种清晰的意识，我们只能任由自己的奇思妙想信马由缰。相信我，你正在受到影响——我甚至可以说，你每天都在被广告洗脑。你在互联网上读到的一切都在不断地向你推销。如果没有意识到这一点，你将被引导走上错误的道路，远离你的财务目标。通过回答"财务自由对你来说意味着什么"这一问题，再根据你确定的"非做不可的理由"，选择人生道路。

换句话说，如果没有明确的指引，我们就像一艘没有舵的航船，被海浪抛来抛去。你会随波逐流，没有特别的运气的话，你将永远到不了理想的彼岸。只有确定你的目标是什么，以及为什么它很重要，你才可以找到正确的方向，并朝着这个方向前进。别担心，你可以随时调整目标，就像一艘驶向纽约的航船可以在中途改变航向，转而驶向佛罗里达一样。

一旦你知道了自己的目标，以及对你来说真正的财务自由意味着什么，下一个合乎逻辑的问题就是："你需要多少钱才能达到目标？"

我们将在后文中使用一些特定的指标来明确这一点。你不能只是说，"哦，我需要一点钱"。实际上，你需要一个具体的金额。你需要做一份传统意义上的利润表，或者银行所说的收入与支出报表。银行还会要求你提供一份个人资产负债表，显示你的资产和负债情况，两者之间的差额称为净值（Net Worth）。每当你申请贷款时，银行都会用这套工具。所以，无论你怎样看待这个世界，无论是你的公司还是你个人，你都需要这些财务科目。我将把它们进行分解，使用这些计算方式来确定你需要多少钱才能获得财务自由。

你如何定义财务自由？对你来说，这可能意味着你不必再去工作了，或者你可以找一份薪水较低或无报酬的工作，做你喜欢的事情。这可能意味着你有家可归，或者是有房有车，或者是无债一身轻。这可能就是你需要的。有些人可能会说，他们需要知道自己有一定的收入，不依赖他人，这样他们就可以周游世界而不用担心费用问题。有些人可能还想资助慈善事业，做传教工作，有余力去帮助他人。以上不是标准答案，但我们确实需要找到一个目标。想想财务上的自由对你意味着什么，然后我们来计算一下。但是在我们这样做之前，必须讨论三个视距不同的"透镜"，通过它来思考"足够"究竟意味着什么。

需要、想要和愿望

对大多数人来说，财务自由很大程度上取决于他们对需要（need）、想要（want）和愿望（wish）之间差异的理解。让我们逐一分析。

"需要"是其中最基础的概念。可以参照紧急情况下美国联邦应急管理局（FEMA）为人们提供的服务范围，这些都是基本需要。人们需要水、住所、食物和医疗保健。

"想要"指的是你喜欢怎样的生活。金钱、假期、汽车和一个高档社区的房子都是我们想要的。有些人讨论需要和想要之间的区别时，通常使用"视情况而定"的论调。最有可能的是，你想要的是你现在的生活方式，就是你不必考虑财务压力，不用精打细算。也许你透支了信用卡，欠了一些债，但你还是经常去看电影、旅行和度假。这就是你想要的，但它们并不是你的基本需要。换句话说，如果你失业了，或者迫不得已，你可以舍弃部分想要的消费。你必须搞懂什么是你"想要"的，我会告诉你怎么做。

如果一切都很完美，"愿望"就是你憧憬的生活方式。你的愿望是什么？也许是在自己国家的另一个地方拥有第二套房子，也许是能参加教会所有的传教旅行。无论你的愿望是什么，你都需要坦诚以对。

你需要确切地知道你自己的需要、想要和愿望是什么，这样你才能准确分析和"计算"它们。你需要什么来抵消它们的成本？如果你不想无家可归，那么你需要一个"蜗居"。你需要基本的交通工具，可以满足接送孩子上下学、自己上下班。你的基本需要是什么？你需要食物，你也想去看电影。但你不需要去看电影。所以，我们应该知道这两个是有区别的。别担心，我不会告诉你放弃你想要的，事实上，我会根据你的需要来计算你的"无限净值"（Infinity Net Worth）。了解你的需要非常重要，这样我们才能知道你的需要何时得到了满足。最糟糕的是，一个人的需要已经得到满足，却被一个过分热心的理财规划师引向歧路。这个理财规划师因为不知道客户的需要已经得到了满足而"不让客户退休"，并继续采取更激进的理财规划。从现在起，你将会知道自己的财务数字，并自己管理自己的财富计划。

归根结底，我们要了解四个简单的财务名词：

➔ 收入
➔ 支出
➔ 资产
➔ 负债

在下一章中，我将向你阐释，为什么依赖金融机构来制定投资策略会对我们不利。我们可以通过计算的方式还原现实，你更需要知道，为什么普通人和为他们服务的金融机构之间会存在如此巨大的鸿沟。

第 2 章

你是如何套上债务枷锁的

玛丽是一名退休教师，她的丈夫几年前去世了。她每天都和朋友们聚会，或者欣赏她的花园。她爱她的家。这个家给她留下了太多的回忆，感觉像是她和已故的丈夫仍然生活在一起。玛丽觉得经济上已经有保障了，但她也有些担心退休后生活是否会受到影响。朋友给她介绍了一位理财规划师——我们叫他艾伦。艾伦是一位非常成功的规划师。他穿着笔挺的西装，头发梳得溜光水滑，似乎一切尽在其掌握之中。玛丽和艾伦约好了见面，在他那豪华气派的办公室里见到了他。办公室的地毯和艺术品都非常上档次，当艾伦坐在光可鉴人的樱桃木制成的大办公桌前时，身上仿佛散发着总统的气度。

玛丽被打动了。艾伦问玛丽需要什么服务，她的生活方式是什么样的。他做了最负责任的理财规划师会做的事情，那就是试图了解客户的支出情况。艾伦为玛丽制作了一张消费支出的图表。基本的设想是，在可预见的未来，她将依靠每年收益率为4%的投资组合为生。按照这种设计，除非她活到100岁以上，否则她的钱是花不光的。玛丽感到很欣慰。她把自己的账户连同已故丈夫的退休账户一并委托给了这位规划师打理。

除了在教师工会退休计划中保留了一点余钱，玛丽放心地把资产一股脑儿交给艾伦管理。她会定期收到艾伦的财务状况报告，以及生日卡和圣诞卡。除此之外，她没有收到过艾伦的其他反馈。她大约每年会联系艾伦一次，以确保她的投资组合是平衡的。艾伦会回应说一切都在正常运行，他告诉玛丽不要担心，她现在的财务状况很好，能够满足她的需要。

然而，市场崩溃了。玛丽震惊地发现她的账户价值跌去了1/3以上。她疲惫不堪地打电话来，想和艾伦谈谈。艾伦让她放松，他会重新安排她的投资组合，并向她保证，投资计划没有问题，而且她财务状况良好，能够经受住财务风暴。玛丽不敢掉以轻心，为此专门安排了一次与艾伦的会面，讨论具体步骤。她和艾伦坐在一起，谈论了一些事情，涉及投资分散和多样化原则，以及艾伦让她投资的所有共同基金的情况。艾伦告诉玛丽，她只需要等待市场恢复信心，就能弥补亏损。但玛丽表示，她需要资金来维持生计，必须马上出售这些资产进行变现，尽管这会使她付出巨大代价，因为市场正在触底。

艾伦提醒她，她还有其他收入来源，比如社会保障福利和教师养老金，她可以依靠这些收入生活，这样她就不必出售任何资产。玛丽把所有这些都加起来，发现仍有资金缺口。她一下子损失了近1/3的积蓄，对此她很不满意。但艾伦坚持认为，他设计的投资计划是合适的，而且风险适当。

玛丽决定征求其他人的意见，她把投资组合交给了一位注册财务规划师，我们称他为辛迪。辛迪分析了玛丽的投资情况，很快发现，尽管她有多只共同基金，但其中许多共同基金包含相同的底层资产。简言之，第一只基金可能在 XYZ 公司持有 10% 的股份，第二只基金可能在 XYZ 公司持有 20% 的股份。这意味着尽管玛丽认为她在多家公司中进行了多元化投资，但风险还是过于集中在其中某家公司身上。

辛迪还通过一个对风险敞口进行评级的分析工具进行深入分析，发现玛丽的投资组合并不像艾伦宣称的那么保守，而是科技股占比较高的过于激进的投资组合，这意味着她需要等这些公司运转顺利后才能赚到钱。她投资组合中的市值看起来很高的唯一原因是，当时这些股票很抢手。一旦热度消失，股价就迅速下跌，她的投资组合中的资产就没有真正的价值了。

玛丽很震惊。她做了一切正确的事情：她知道自己的局限性，于是聘请了一位理财规划师；她准确地列出了她需要依靠什么生活；她还希望理财规划师为她创建一个能够抵御经济衰退的投资组合，但一切事与愿违。玛丽意识到，她别无选择，只能卖掉现在的房子，换一套小房子，降低自己的生活水准，以避免被破产清算。她学到了非常重要的一课——她必须制订确保符合她需求的投资计划。辛迪解释了对某人负有受托责任与普通服务标准的区别，玛丽才如梦初醒。

金融机构的秘密

许多金融机构并不以你的利益最大化为目标。你要是不相信，请看这样一个事例：摩根士丹利的一名高级员工发现了其公司一个令人震惊的事实。在仔细审查了摩根士丹利员工退休计划中的投资产品后，意识到其中包括许多他每天向客户出售的价格不菲、表现不佳、管理费高的产品。根据摩根士丹利员工的说法，投资这些基金使他们损失了数百万美元的退休储蓄。摩根士丹利为什么要这么做？因为购买这些基金，能为摩根士丹利提供可观的收入和利润，尽管这损害了他们自己员工退休基金的价值。当一群摩根士丹利员工向公司提起集体诉讼时，这名高级员工成了主要的原告。基本上，摩根士丹利许多员工对他们出售的产品知之甚少，以至于他们提起诉讼，因为他们的雇主在公司退休账户中持有同样的产品。这听起来很疯狂，但确有其事。

无独有偶。《华尔街日报》报道了佛罗里达州教师对其工会提起的诉讼。[①] 工会敦促教师会员通过工会拥有的公司购买退休投资产品。他们没有向教师透露，该基金的费用很高，还会在教师退休后蚀掉部分老本。对于大家来说，这又是一个关于许多金融机构运作方式的典型案例。

金融监禁（financial imprisonment）是真实的，你将在本章中学习它的真正含义。世界历史上有许多滥用信息支配权力的故事。例如，在中世纪的某些教堂，《圣经》是拉丁文书写的，而普通人学习拉丁文是违法的。这意味着，普通人不得不去找一个能够为他们翻译内容的人，而这种方式往往会让翻译人有空可钻。他

---

① 安妮·特格森，格雷琴·摩根森. 工会策略伤害了教师的储蓄[N]. 华尔街日报，2019-12-19.

们可能会说："《圣经》上说你必须给我钱，然后你才能上天堂。"

在某些情况下，各个阶层的人都受制于他们所学到的知识和教育背景。在许多情况下，只有在工作需要时才允许接受教育。只有在对统治阶级有利的情况下，被统治阶级才被允许阅读、计算或写作。换句话说，统治阶级采取愚民政策，这也是金融监禁的运作方式。金融机构试图让我们蒙在鼓里，在本书中，我将向你展示这一点，帮助你避免被银行和中介公司所欺骗。

美国普遍存在金融监禁。当一小部分人控制着很大一部分财富时，这意味着其他人几乎总是在为他们工作。在金融界也有统治者和被统治者。统治阶级控制着局面，被统治阶级必须被统治阶级奴役。这一切是怎样发生的呢？正是由于债务的实际影响，金融监禁才得以持续发生。债务是他们控制你的机制，债务是他们让你每天为他们工作的方式，债务是你在60岁时醒来，意识到还需要通过打工来支付生活费用，剩下的钱用于偿还债务利息，而几乎没有钱用于退休。

顺便说一句，即便你是个体经营者，你仍是在为别人工作。谁拥有你的房子？很可能是银行或抵押贷款公司。如果你完全拥有自己的房子，那么你可能会有一点自由的感觉。这种感觉很好，因为你意识到你不是在为别人工作。如果你没有自己的房子，或者你有抵押贷款，一旦经历经济大衰退，你就会意识到，在你认为是资产的东西上负债会有多大的破坏性。我的观点是，有抵押贷款的房子不是资产。你实际上是在用债务（你的抵押贷款）购买债务（你的房子），这是诸多痛苦的根源。我们将探讨这可能产生的实际影响。我将展示统计数据，这可能会让你大跌眼镜。

对社保和退休储蓄的误解

让我们来看一些数据。研究表明，大约42%的美国人将在退休后破产，储蓄不到1万美元。你可能会说："嘿，这些年来我一直在缴纳社会保险费。"很抱歉，社会保险是由其他人来决定你将得到多少，而实际上你可能什么都得不到。我不太喜欢依赖公共项目。我对公共项目没有偏见，但它们应该作为一个安全网，而不是退休保障计划。推出社会保障制度的初衷是为那些超过一般寿命的人提供保障。据预测，大多数人享受这一保障的时间仅在两年左右。事实上，根据美国社会保障管理局网站上的信息，在社会保障制度推出时，美国男性的平均预期寿命为58岁。

如果这是一个真正的安全网，一旦你活得太久，它也只能够提供最基本的保障。而如今，人们实际上完全依靠它来支付退休费用。你必须对自己负责，而无限投资的基本理念正是如此。无论我们是否在工作，我们都必须有资金流入。你可能会说，"嘿，如果我投入了时间，我就有权享受社会保障"。也许你是这样做的，也许那是你认为可以依靠的收入来源，但我不会。我要看的是产生收入的资产，而社会保障只是一个安全网。我可能仍然会收到保障金，但我不会把它计入我的预算之中，因为它是我不能自主控制的东西，其他人可以把它拿走。

根据美国政府责任署（United States Government Accountability Office）的一份报告，即将退休的美国人中有一半在401（k）或其他个人账户中没有任何存款。① 为什么美国人不为退休储蓄？好吧，让我们面对现实吧，我们中的许多人过着相当奢侈的生活。几乎每个人都携带一部手机，但我们中的许多人却没有足够的钱为退休储蓄。这是因为我们不理解它的重要性，或者，即使我们确实理解它很重要，也没有把它作为优先事项来对待。

作为律师，我会第一个告诉你真相。我为遗产规划提供税务建议，所以知道你可能会碰到的一些意外事件，这就是为什么任何财务计划都要有一个应急基金——这是必不可少的重要构成，但对于制订可持续的财富计划是不够的，这不是充分条件。你必须另外购买保险。以健康保险为例，如果我得了一场灾难性的疾病，却没有医疗保险，这对财务来说将是一个毁灭性的打击，所以必须通过购买健康保险来降低这种风险。驾驶也是如此，你很有可能永远不会发生车祸，或者只是发生很小的车祸。可一旦你确实遭遇了一场涉及伤亡的严重事故，你只能通过事先购买保险来降低风险。这也适用于业主保险和人寿保险。参考一下统计数据，你绝对应该主动购买某种人寿保险。如果活到 60 岁以上，你有超过 50% 的风险不得不承担长期护理费用，平均费用超过 20 万美元。单从统计学上看，一旦风险超过 50%，你应该坚决采取措施降低这种风险。在这种情况下，长期护理保险必不可少。

当我听人说"我没有足够的钱"时，我表示很怀疑。根据我

---

① 美国政府责任署，"退休保障：大多数即将退休的家庭储蓄率都很低"，2015 年 5 月。

参加刑事法庭的经验，我可以告诉你，如果法官让嫌疑人选择保释出狱，他们总能找到钱，几乎没有人会选择坐牢——不管他们的财务状况如何。不知何故，如果有足够大的需求，人们就会找到钱。仅仅开始为退休储蓄还很不够，因为在此之前你还要克服很多诱惑。你宁愿去看电影，你宁愿每周出去吃两三顿大餐，也不愿把退休储蓄作为优先事项。如果你把退休储蓄作为优先事项，并把它当作一张账单来处理，那么你就可以做到。这种需要，我喜欢称之为"触及灵魂的深刻审查"，它要求你追寻自己的内心，而不是归咎于没有足够收入的外部环境。

我还听到有人借口说"我的单位不提供退休计划"，你只是在把自己的责任推给别人。还有些借口是"在积累资产之前，我要优先偿还债务"，这个倒还情有可原，但其实并不矛盾。大多数借口都是胡说八道。我并不是说所有人都能够为退休储蓄，但既然你正在阅读本书，你绝对是有这个能力的。你可以从今天或明天开始启动退休储蓄。不管什么情况，以什么方式，你首先要迈出第一步。即使你只有10美元，也应该勇敢地迈出第一步。一旦你做到了，一旦你养成了这个习惯，你就会把它当作一张生活清单，从统计学上讲，在未来的某个时候，你的资产将增加到100万美元以上，这只是时间问题。

债务负担

回顾2000—2007年这段时间，经济确实在升温。然后，大衰退来袭，经济止步不前。接下来我们分析学生债务问题。自大衰退开始以来，学生债务猛增。根据美联储理事会的数据，在此期间，学生债务增长了三倍多。

这就是很多人的问题所在。人们正在失去工作，而富有争议的一个通行的补救措施是："回到学校，学习新的行业知识，改变职业方向，或者攻读MBA学位！"问题是人们没有工作，所以没有钱支付学费。他们不得不借钱，这使他们回到学校后，在没有任何收入的情况下进一步增加了债务负担。

将大衰退期间的学生债务与信用卡债务进行比较是很有说服力的。在大部分时间里，信用卡债务下降了，而学生债务则相反。更糟糕的是（这是涉及美国债务问题的一个肮脏的秘密），你无法像摆脱其他债务那样摆脱学生债务。

与学生债务不同的是，你可以通过去拉斯维加斯狂欢来最大限度地利用信用卡。你可以狂赌滥饮，周末开一场狂欢派对，大肆挥霍，然后把这些都记在信用卡上。然后，如果你的信用卡债务低于5万美元，你就可以申请让那张信用卡破产。然而，如果你有5万美元的学生债务，你却不能申请破产。当然，有些政客主张免除学生债务，但到目前为止只是说说而已。有一些特定项目可以免除一定金额的学生债务，但不准申请破产。学生债务将永远伴随着你。

现在多米诺骨牌开始倒下。学生债务将影响住房拥有率——学生债务增加，住房拥有率降低，年轻人买不起房子，只能租房。

换个角度来看，这意味着有很多人在找房求租，这就创造了市场需求，意味着你应该成为房东。你可能会认为这太疯狂了，但《华尔街日报》和城市研究所报告的数据显示，美国年轻人的住房拥有率处于三代人以来的最低点。年轻人都在租房。这个时代特征说明了什么？它告诉我们债务问题带来的严峻后果。学生债务与住房拥有率下降有直接关系。如果这都不是金融监禁，那我不知道什么才是。他们强迫你成为一个从别人那里租赁房产的人。我不知道还能怎么表述，抱歉，如果你不得不租房，那你就是个被监禁者。

受托人的重要性

让我们思考一下我们的财务建议是从哪里来的。我们在听谁的意见？谁应该给我们提供建议？我要把你介绍给一个叫鲍勃的人，他在你家附近开了一家肉店。你认识鲍勃多年了，你把他当成好朋友。你走进他的店铺，鲍勃微笑着打招呼，问起你的孩子们。他问今天能帮你什么，你说："嘿，鲍勃，我已经厌倦了晚餐计划，你能帮我设计下周的晚餐菜单吗？"鲍勃跃跃欲试，他建议你在周一吃他刚进的美味小牛肉，星期二吃鸡肉，星期三可以烤排骨，星期四应该是猪排之夜，星期五他会提供一块非常美味的牛腰肉，这将在你家大受欢迎。什么是鲍勃不推荐的呢？鲍勃不会告诉你应该多吃鱼和多叶蔬菜，他不会送你去农贸市场买新鲜水果，他不会说："减少你的肉类摄入量，吃太多我卖的东西对你的身体真的不好。"等一等，鲍勃不是你的朋友吗？他为什么给你不好的建议？因为鲍勃是个屠夫，他的生意是卖肉，他靠卖肉赚钱，他是为了自己的利益最大化，而不是为了你的利益着想。

不仅仅是鲍勃，如果你去丰田汽车经销商处咨询："什么样的车最适合我？"他们将向你展示店里最顶级的丰田汽车。去凯迪拉克经销商那里，他们会建议你买一辆凯迪拉克。屠夫鲍勃、凯迪拉克和丰田经销商都是商人，他们不需要为你的最佳利益着想。

拜访鲍勃之后，你有点儿慌乱，你意识到应该对家人的健康承担更多责任，所以你去和一位名叫玛丽的营养师交谈，询问她："我们家晚餐应该吃什么？"玛丽制订了一个以全谷物、蔬菜和鱼类为核心的均衡饮食计划。注意，她不推荐小牛肉，不会卖给你任何东西，她就是所谓的受托人。这个词可能是本书中最重要的词。受托人会把你的需求放在他们自己的需求之前。

> 受托人会把你的需求放在他们自己的需求之前。

问题是，90%的美国人把财务规划师当作受托人，他们上当了。当你走进银行咨询投资业务时，银行员工很可能会向你兜售他们拥有的任何能让他们赚最多钱的投资产品。这就是他们的商业模式。他们不一定会做对你最有利的事情，因为他们不需要这样做。如果你走进银行，走到大额存单的交易柜台，他们会卖给你一张大额存单。如果你去一家证券公司，他们会卖给你一大堆股票。我见过非常富有的人在市场上赔钱，因为他们买了经纪人想卖的东西，他们被出卖了。然后，经纪人搅乱了他们的股票交易账户，因为这就是经纪人赚钱的方式。这是他们的商业模式，他们不是受托人。

或许你觉得我在夸大其词，让我们回到本章开头描述的那场摩根士丹利诉讼。摩根士丹利投资退休基金的方式为其带来了可观的收入和利润，但正如员工抱怨的那样，这并不是一个符合员工最佳利益的退休投资组合。摩根士丹利不是受托人，这一点非常重要，因为信托要求退休账户经理以客户的最佳利益行事。如果没有受托责任，他们只能在所谓的适用性标准下运作。

汽车的例子简单易懂。假设你家是一个四口之家，你走进一家雪佛兰经销商店里，说："我想要为我的家庭购置交通工具。"他们可以卖给你两辆加大马力的轻巡洋舰。他们可能会说："嘿，你家有四口人。爸爸妈妈可以每人开一辆车，然后每辆车上带一个孩子。"从技术上讲，这种选择符合适用性标准，因为它确实为一个四口之家提供了交通工具。但这个选择符合你家人的最大利益吗？当然不符合。对于家庭来说，一个更合理、更便宜、更安全的选择是 SUV（运动型多用途汽车）或小型货车。这对这个家庭最有利。如果雪佛兰经销商按照适用标准运营，他们会向你出售轻巡洋舰，从而赚很多钱，因为从技术上讲，两辆轻巡洋舰选项符合四口之家的交通适用标准。如果他们对你的家人负有信托责任，他们将被要求向你出售符合你最大利益而非他们最大利益的产品，这就是受托人必须做的事情。否则，雪佛兰经销商可以向你出售轻巡洋舰，银行可以向你出售共同基金。

你的投资账户中的实际数字

信托义务如何影响共同基金管理？让我们跳转到共同基金背

后的实际数字。这不仅仅是我的观点,也是《福布斯》所说的共同基金和退休的实际成本。① 我之所以强调这一点,是因为基金经理需要向你披露的并不是实际支出。计算实际成本的方法很简单。看一看你年初拥有的东西,并将其与你年底拥有的东西进行比较。它的价值是上升了还是下降了?这会告诉你是否真的有回报。听起来很简单,对吧?

假设你在一个共同基金账户中有 10 万美元,你的基金顾问说:"嘿,我们今年有 7% 的收益。"你可能会期望你的共同基金余额达到 107 000 美元。但当你看到账单时,你会发现账户里只有 102 000 美元。简单计算一下,你的收益率只有 2%。从技术上讲,你的经纪人可以告诉你这是 7% 的回报,因为根据美国的法律规定,他们不需要披露他们收取的所有费用,唯一能计算出实际成本的方法是剔除共同基金的税收成本和其他费用。这就是我不太喜欢共同基金的原因——它们很贵。

为什么会这样?因为在其他类型的投资中,你不必处理与共同基金账户相关的隐藏费用。共同基金有一个费用比例,它们包含交易成本,经纪佣金是交易成本的一部分,市场影响报告费和数据传输成本也是交易成本的一部分。此外,由于基金会向你报告纳税情况,你通常要不断缴税。尽管它是一只共同基金,但它不是一个递延税款的工具,你可能还要为别人的钱纳税。你还有

---

① 肯尼思·金. 共同基金到底要花多少钱[EB/OL]. 福布斯. 2016-9-24. https://www.forbes.com/sites/kennethkim/2016/09/24/how-much-do-mutual-funds-really-cost/#1899a724a527.

所谓的现金拖累（cash drag）①成本，因为它们必须保持一定的流动性。如果你有一只1 000万美元的共同基金，它们可能会保持50万美元的流动性。因此，投入市场的不是1 000万美元，而是950万美元，现金拖累最终接近1%。

还有一种叫作软美元成本，它更难计算。你必须逆向推理，以确定实际成本是多少。举例来说，一家经纪公司拥有多只共同基金，它们会重新调整成本。例如，共同基金X是专为资产量级较大的投资者设计的基金。经纪人会做大量研究来仔细设计该基金，他们会购买大量研究数据。共同基金Y是一只规模更大的公共基金，迎合了基金经理认为的资产量级较小的客户的投资需求。经纪人可能会将X基金的所有研究费用记入Y基金。作为Y基金的投资者，你正在支付他们所说的软美元。你在为有利于他人的研究付费。共同基金承担了成本，然后公司就可以无偿使用这些数据进行分析。他们是为了他人的利益而使用它，但你才是买单的人。

还有咨询费。当你购买一只共同基金时，有一家机构正在获得报酬，这可能是富国银行或其他顾问机构。把所有这些计算在内，现金拖累和其他加总后成本大约会达到4%，加上咨询费，进一步接近5.8%。2020年，标准普尔指数录得7%的收益率，如果考虑通货膨胀因素，收益率甚至可能接近9%。但当你扣除5.8%的费率后，收益率突然就变得不那么好看了。

---

① 基金为了应对赎回，必须在资产配置中保留一定比例的现金类资产，而这部分现金资产的收益率较低，拖累了整个投资组合的收益。——译者注

我曾经做过一场大型演讲。之后，一名观众回去查看退休基金中的股票和共同基金。该基金公布的收益率接近7%，但经过仔细检查，他发现基金费率约为5%，他收到的实际收益率是2%，把他吓了一跳。

曾有观众和我争论说："我在一只共同基金里有5万美元。"我会问："年底价值是多少？"回答是年底余额不到5万美元。他们试图说服我，他们今年有5%或6%的收益率。我不得不说："这不是真的，数字反映的完全不是这样的情况。"我不在乎经纪人对业绩的评价，我只关心我的账户里到底留有多少资金，你也应该关心这个。

> 我不在乎经纪人对业绩的评价，我只关心我的账户里到底留有多少资金，你也应该关心这个。

你的投资真的赚钱了吗

在以上案例中，谁在为谁工作？当你考虑一年中这些费用的影响时，你会意识到是你在为他们工作。假设你有一个共同基金账户，每年投入1万美元，年化收益率是7%。你投资30年，以7%的速度增长，并以4.8%的比例支付管理成本。30年来，你对该基金的直接投入为30万美元，实际余额约为41.5万美元。你可能会说："太棒了！那可是一大笔钱。"但你完全可以通过自己投资来避免这些费用。例如，如果你投资的是标准普尔交易所交易基金（ETF），没有支付这些费用，市场收益全部返还，那么你将得到102万美元。相反，你投资了一只共同基金，却在华尔街损失了60.5万美元，谁从你的钱中赚得更多，是你还是华尔街？你的账户里只有41.5万美元，华尔街却赚了60.5万美元。谁在为谁工作？

如果我们把管理费率从4.8%降到2%，会怎么样？好消息是你现在的余额约为68.8万美元，坏消息是你仍然要付给华尔街33.2万美元。费率虽然只有2%，但支付出去的仍然是一大笔钱。你必须再次问自己：他们关注的是谁的利益最大化？谁在为谁工作？

美国证券交易委员会（SEC）关于管理费率数据的一项研究结果表明，如果你持有一个50万美元的经纪账户达30年，美林（Merrill Lynch）将赚取高达100万美元。[1] 费用收取最低的USAA公司[2]，会赚取约50万美元。你为什么要购买这些产品呢？

共同基金只是一桶股票，事实上，你常常不知道里面具体有什么。因此，如果我问为什么要购买共同基金，你可能会说，你这样做是为了保持股票投资组合多样化。事实上，为了尽可能多样化，你购买了两只独立的共同基金。问题是，这些共同基金中

---

[1] Personal Capital. 隐藏在表面之下：美国人支付的咨询费［EB/OL］. 日期不明，访问日期为2019-12-6. https：//www.personalcapital.com/assets/public/Personal-Capital-Advisr. Fee. Report. pdf/.

[2] 美国一家金融企业，成立于1922年。——译者注

的每一只都可能在一家特定的公司拥有 30% 的头寸，而你却被蒙在鼓里。你认为自己的投资是多元化的，但真正做的却是把自己置于风险之中。

另一种选择是 ETF，也就是一组股票，你购买一份 ETF，在这份 ETF 中你拥有这些公司的极小一部分股权。你购买一份债券 ETF，就等于买了 5 000 只债券。你可以购买一份能源领域的 ETF，现在你拥有了该领域的所有公司，可能包括 10 家或 400 家公司。我选择购买一种特定类型的 ETF，我喜欢它的投资组合和收益，因为我只有一个成本，那就是交易成本。

这对你的投资组合有影响吗？你最好相信有。假设你投资了 1 万美元，并为这 1 万美元支付 5% 的费率，那么就是 500 美元。如果我通过 ETF 购买同样的公司股票，我只需支付大约 2 美元。

让我们看一个真实的例子。40 多年来，我的同事戴维·麦沙恩一直在仔细分析证券基金账户。我们的一位客户持有价值 39.8 万美元的投资组合。戴维详细说明了该账户中未披露的费用情况，他可以揭示所有不同证券基金的管理费、费用比例和所有未披露成本。

他的研究显示，基金管理费的收取比例差别很大，最高达到惊人的 14%，最低只收取 1.8%。最低的是高盛的 SPDR，但也意味着你支付了约 2% 的管理费，而你完全可以分文不付。戴维研究的 24 只基金的平均费率为 4.29%。如果你自己管理投资组合，你所要做的只是购买 ETF，其中包含相同的公司股票，你的费用将从 17 000 美元减少到 1 000 美元左右。在一个 40 万美元的投资组合中，你每年可以节省 1.6 万美元。

所有这些都是为了告诉你,如果你听信经纪人所说的,你会浪费很多钱,而他们却可以最大限度地赚取你的钱。我再一次问你:谁在为谁工作?我想告诉你的是:你承担了100%的风险,但你得到的回报不到一半。当你拥有一只普通的共同基金时,你实际上是在把70%的收益率捐给别人,而自己却承担了100%的风险。这样做毫无意义。

第 3 章

富人思维和穷人思维

我初到法学院时，在法学院的学术研究中心担任导师，该中心致力于为少数族裔学生提供从事法律职业的机会。我们研究的众多问题的其中一个是：是什么让某些群体深陷泥潭，而其他群体却蓬勃发展。这通常与他们的出生地没有太大关系，而更多地取决于赋权——赋予那些传统上被剥夺从事法律职业机会的人权利。该研究项目在过去几十年里取得了巨大的成功。

对那些成功人士的观察验证了我在学术研究中心形成的认识。我注意到，一个群体可能生活在治理不善的落后地区，但不知何故，他们仍能世世代代取得成功。无论身处何种困境，无论是面对种族偏见、种族隔离，还是其他导致经济困难的社会背景，他们都会不断地从困境中走出来。与此同时，另一个群体可能获得了很多成功的机会，或者至少有同样的机会，但仍处于代际贫困之中。这两个群体之间的区别是什么呢？

答案可能有点儿复杂，因为它必须考虑到，成功需要人们与他人合作，整合资源应对挑战。换句话说，成功的人总能找到办法，利用自己的力量摆脱所有可能出现的困境。有关此类研究的文献数不胜数，但其中的某些规律一以贯之，最终归结到一点，我称之为"灵魂审查"。

> 成功的人总能找到办法，利用自己的力量摆脱所有可能出现的困境。

它可以归结为心态、使命感和自我价值感。不成功的人不一定缺乏资源，他们缺乏的是足够的人生智慧，他们不相信自己能真正掌控命运。那些经受住周期考验的成功者群体，核心特点是有着强大的信仰体系。我要阐释一下这个信仰体系是怎样形成的。

拥有和没有财富的人之间有一个显著的心态差异，这就是控制点。这是一种信念，即你实际上是否有能力控制自己的结果。具有外部控制点的人会对外部环境做出反应，他们的心态是，生活中发生的一切都是他们无法控制的因素造成的。具有内在控制点的人倾向于认为生活现状是态度和能力的结果，他们对自己的财务状况负责。这可能是一个自我实现的强大预言。如果你认为无法控制自己，那么你就不可能成功；而如果你相信自己有控制权，你成功的概率就大得多。

那些经济上成功的人，尤其是那些连续几代都富有的成功家庭，已经学会了如何成功致富。这就是你现在读本书的目的。你现在可以看到控制点的不同带来的天壤之别。我想告诉你的是，你可以控制你的钱，不必让其他人和外部环境控制你。

对金钱的误解

管理财务生活取决于信仰体系。这很复杂，因为无论我们是否意识到，我们在很小的时候就被灌输了金钱的观念。让我们回忆一些从小就被植入的金钱观念。下面这些你熟悉吗？

- ➔ 钱不是长在树上的。
- ➔ 赚钱需要本钱。
- ➔ 天生有两种人，富人和穷人。
- ➔ 在人生的游戏中，一定有赢家和输家。

这些都是错误的，它们源于一种稀缺心态。与稀缺相反的是丰盛——人们相信馅饼是完全可以长在树上的。我们相信，每个人都有足够的食物，我们可以为地球上的每个人和他们的后代提供足够的食物、水、安身之处，甚至是一套大房子。稀缺性是一种信念，即资源确实有限，你必须以牺牲他人为代价来获取资源。如果你饱餐一顿，别人就会饥肠辘辘。这种信念植根于恐惧和消极情绪，正是这种情绪让人们明明拥有创造财富的资源和能力，却最终陷入贫困。

这些基于稀缺性的消极信念从何而来？来源包括父母、朋友、学校、老板和媒体。他们环绕在我们身边，我们很容易接受他们的观点。如果不与这些消极信念作斗争，它们将动摇我们的信仰体系。这些可以归结为一个词：心态。你完全可以控制自己的心态，你可以决定："嘿，我控制着钱，我是百万富翁，我对自己负责。"

我有一些朋友，他们成功时赚了几个亿，受挫时亏了几个亿，然后再依靠良好心态和强大的内部控制力让千金散尽又复来。你可以把它想象成一种恒温器。以唐纳德·特朗普为例，在他当选美国总统之前，他会满足于一年挣10万美元吗？绝对不会，他习惯于以亿为单位来考虑问题。他的恒温器温度设定得非常高。相比之下，有些人只因多赚1 000美元就兴奋不已，他们的燃点设定得非常低。

因为心态是一个内部程序，我们可以控制它。一旦我们控制了自己的心态，就可以控制自己的信念。如果我相信这个世界上有很多机会，我要做的是走出去，利用那些我可以控制的机会，那么这些机会就会出现，因为我会向它们敞开心扉。我将寻找它们，当它们出现时，我会注意到它们。

举例来说，你决定买一辆本田Pilot，从那一刻起，你发现到处都是Pilot，在高速公路上通过的每一辆车看起来都像是本田Pilot。Pilot是不是在几周内突然超过了其他汽车的销量？可能并不是。这种特殊的心理效应被称为巴德尔-迈因霍夫（Baader-Meinhof）现象。这是因为你对本田Pilot敞开了心扉，你的大脑选择性地关注着你周围发生的事情。我小时候跟全家坐车去长途旅行时，我们经常玩一个叫作"鼻涕虫"的游戏，就是第一个看到大众甲壳虫汽车的人，就要猛击兄弟姐妹的手臂一下。当你敞开心扉去注意某件事的时候，你就会看到那件事无处不在。而如果你心神不定，只会在经过大峡谷时擦伤手臂。

这是你的心态在你的行为中发挥的作用，你可以利用它为你带来好处。你所做的只是改变心态，然后突然感叹："嘿，路上有很多本田 Pilot！"这就是你现在的信念。为什么？因为心态提示你要开始寻找机会。这对你改善你的财务状况大有帮助。如果你说，"嘿，外面有赚钱的机会"，并相信这一点，猜猜你会发现什么？你会注意到遍地的赚钱机会，到处都是。如果你想变得富有，你完全有能力办到，你应该立即行动。一旦你的心态是"我能做到，我可以建立不同的收入来源，我可以在未来的某个生活阶段不再需要上班养家"，你就会开始相信这一点，因为在你的新的世界观中，这对你来说是千真万确的。一旦你的大脑说"这是一个机会"，它会影响你的信念，进而控制你的行为。一旦你意识到你所相信的是真实的，你的行为就会做出改变。一旦你意识到有经济机会，你就会开始攒钱投资这些机会。一旦你相信建立一个投资组合可以让你提前退休，你就不必再工作了，你会成为一个自由工作者并且仍然能拿到薪水。你的行为会变得与以前大不相同，你开始成为一个非常专注的储蓄者和坚定的投资者。你会一直投资，因为你相信你会因此获得财务自由。当你把心态、信念和行为统一起来，我保证你会得偿所愿。

> 如果你持续节余并用于高价值、高收益的投资，你迟早会实现财务自由。

财务自由不会在一夜之间发生，但通过简单的计算可知，如果你持续节余并用于高价值、高收益的投资,你迟早会实现财务自由。就是这样!对自己说:"这是我能控制的,我的心态取决于我自己。"只需要不断重复。"我的心态取决于我自己,我的信念来自我的心态,我的行为来自我的信念。"关注自己的内在控制点。"我花时间学习如何成功地利用金钱,我不会让金钱控制我。"重复一遍。"我的钱为我工作,我告诉它该怎么做。"

传统智慧并不总是明智的

让我说一个自己的故事吧。我在 2007 年年底搬到了拉斯维加斯,你可能记得这个时间点正好是次贷危机的前夜。危机爆发后,拉斯维加斯的房地产市场遭受了特别严重的打击,房价下跌了 75%。而此时我正在到处走访,为我的女儿找一个好社区,这是为人父母者应负的家庭责任。我确信选房子更多的是选社区,而不是选学校。社区环境才是影响教育的关键因素,人们打交道的方式对孩子成长成才的影响是潜移默化、至关重要的。

因此,我想生活在一个重视教育的社区。问题是,在我选中的社区里,房子贵得离谱,因为当时拉斯维加斯的房价已经超出了正常水平。我确定,我不想买这些价格过高的房子,我得存很多钱才能买下它们。而同时,我可以把这笔钱投资到城镇另一边的一些租赁房产上,投资这些房产可以产生现金流收入。那里有一些很棒的工薪阶层社区,我知道那才是我想拥有的地方。我可以在那里出租房屋,因为市场需求巨大,且房价便宜。所以我在这些地方一连买了几套房子用于出租,为我带来了可观的租金收入。

同时，我没有在我们想住的那片贵得离谱的社区买房子，而是租了一套房子居住。在这一章的开头，我列出了一些常见的关于金钱的迷思，它们时刻在我们的脑海中浮现。这些迷思包括你应该买房子作为主要住所，这或许并不正确。我能够以很便宜的价格租下这所房子，因为人们正在投机建造大房子，却没有租赁市场来支持它。人们建造或购买房屋纯粹是为了炒房，以为自己的资产将持续飙升，而现实情况是高端住宅供应过剩，租金成本非常低廉。

我们租的房子后来怎么样了？在市场崩盘的过程中，它的价格下降了一半以上，但我支付的租金保持不变。我从出租房屋中获得的收入呢？在经济衰退期间，我的租金一直保持稳定，所以我可以用出租房收入来支付我租住房子的费用。只要两相抵扣有盈余，我就不在乎每月的租房开销是多少。长租即长住，长住即安家，是买房子还是租房子，对我来说并不重要，因为我对房子的看法有点儿不同。我不认为房产是一种资产，我认为它是一种负担。

我控制了我的钱，而它无法控制我。我不相信那句流行的格言：只有当你拥有一套房子时（同时还有抵押贷款），你才算成功。我想完全拥有我的房子，而不想欠下一大笔抵押贷款。我要的是：我得确保用钱做了其他事情，让我赚的比花的多。我需要让自己和家人有一个好住所，我做到了吗？是的。我们是住在一个很棒的社区吗？是的。我是否像邻居一样受到了经济衰退的打击呢？没有。我有房产出租，无论发生什么，我都有固定的租金收入，足以覆盖我的租房支出，让我住在我想住的地方。

这一切都归结为一种做好自我管理的心态，始终相信你能够管理好你的经济生活。在我的例子中，我控制了它。如果我听了别人的话，我会买房子，然后就会损失很多钱，因此必须有好的心态。

以心态为出发点

读过这一章，请一定记住并重复这一句话："我相信我能控制我的钱，不会让我的钱控制我。"富人和穷人之间的首要差别是自我管控能力。穷人不相信他们能控制金钱，而且往往有受害者心态。我认识一些人，他们一度一败涂地，又重新站立起来，他们把自己糟糕的财务状况视为一种挑战，知道自己可以控制它。你也可以控制自己。

你可能会遇到挫折，世人皆然。经历破产然后王者归来的故事比比皆是，其中有很多知名的人物，比如沃尔特·迪士尼、埃尔顿·约翰和唐纳德·特朗普。3M 在开工之前是一个破产的矿井。沃伦·巴菲特利用了一家陷入严重财务困境的公司，而这正是伯克希尔-哈撒韦的前身。

你可以控制金钱。在个人层面上，你可以选择如何使用这笔钱。我知道在某些艰难时刻你会有挫败感，但如果你坚持做一些小事，你终会心想事成。即使你只是忠实地每月存 10 美元，随着时间的推移，也最终会成为一笔巨款，并提供大量现金流收入。你只需要相信这一点，坚持去做，并确信你能做到。

身为父母，你不应该向孩子灌输那些"老掉牙"的道理。钱不是长在树上的吗？是的，钱就是长在树上。不信你问问果园或木材厂的老板。你得有个资金管理计划，再把这种心态传递给你的孩子。控制你的钱，控制你的投资，确保存钱做投资。你应该记下来，这是你的生活戒律，你可以选择你要做什么。

如果在孩子十几岁的时候你就开始教会他这一点，那么他将远远领先于其他大多数人，因为金钱的时间价值呈指数级增长。这个算法是确凿无疑的，他们年轻时存的钱越多，退休后在经济上成功的可能性就越大。

你的信念会改变你的行为，因为现在你知道你有控制权，你相信如果你这样做，如果你持续长期投资，朝花夕拾，春种秋收，你会取得丰硕的成果。这就是你要做的，赶快行动起来吧。

第 4 章

如何计算你的净收入

弗兰克没有忘记他当时说了一句："哦，该死！"这一场景历历在目，就发生在妻子为他举办的55岁生日派对的那天晚上。这是他们家的传统，不像其他人一样，在岁数以0结尾的"大"生日上举行狂欢活动，他们家会在每个岁数以5结尾的生日上举行一个小型的庆祝活动，他们把这个称为"镍币"生日。派对没什么特别的，只是和大约20位朋友和家人度过一个愉快的夜晚。在聚会上，几个人在不同的对话中问弗兰克："你计划还工作多久？"那天深夜，弗兰克失眠了，他辗转反侧，反复思考"还要工作多久"的问题。他一直以为自己会在一家软件公司担任高管，直到干不动了为止。他非常热爱自己的工作，但从那个晚上起，他开始将自己与相识的同龄人和已经退休的人进行比较。他们都很忙，而且他们似乎有足够的钱来支付生活费用。

弗兰克睡不着，从床上爬起来，拿着笔记本电脑走到厨房的桌子旁，开始琢磨到底什么时候可以退休。他认为首先需要算出自己的净资产，但不确定如何计算。他创建了一个包含两列的电子表格。在左栏中，他列出了收入（他的工资、妻子的工资以及他拥有的股票账户的收入)。他们的退休账户呢,这些是资产吗?还有他们家的股票,占到他们开支的 2/3。这当然很重要。在右边一栏中,他列出了他们的债务。令他惊讶的是,他无法确切说出他们欠了多少钱。他列出了妻子为了中途跳槽而攻读硕士学位欠下的信用卡债务、抵押贷款和学生贷款余额。

右边的项目比左边的长得多。弗兰克很快意识到,退休遥遥无期,他需要上班赚钱来还贷款。就好像他试图越过终点线,而终点线却离他越来越远。

到目前为止,在本书中,我们已经了解了金融监禁及其真正含义,还了解了富人和穷人之间的最大差异。现在是时候把数字加进去,做弗兰克想做的事情了。在本章中,你将学习如何计算净收入。金融服务行业有三条基本规则:第一条规则是计算;第二条规则和第一条很像,说的也是计算;第三条规则正如你可能已经想到的,还是计算。

来自国税局的"敲打"和"鼓励"

"税收"(tax)这个词来自拉丁语 taxare,意思是谴责或表达对某事的强烈不满。我上的是天主教学校,有一些课程由修女讲授。有趣的是,不时会有修女在课堂上对某人来一下重击(想想"尺子+手"或"黑板擦+身体")来表达她的强烈不满。如果有人偷懒,他们会被打。而如果有人在课堂上做了一些非常好的事情,或者做了一些有益的公共服务,他们会得到赞扬,被修女以友好的方式轻轻摸摸头。你想要哪个?敲打还是鼓励?

美国国税局也不例外，它会打击某些类型的收入。例如，如果你在麦当劳打工，你很快就会了解到，你需要缴纳各种各样的税——失业税、老年税、死亡税、遗嘱税、医疗保险税、联邦预扣税和州预扣税。在你拿到薪水前，似乎每个人都能分走一杯羹。

我年轻时候曾在麦当劳打工，当时的收入接近每小时4美元。如果我工作40小时，我以为我的支票上会有160美元。你猜怎么着？当我收到工资支票时，由于代扣所得税、工伤保险、社会保障税以及其他我不了解的各种费用和税收，我的收入要少得多。当我看到所有的钱都从我的薪水中扣除时，我觉得我受到了来自国税局的一套"组合拳"的"重击"。

相比之下，让我们看看富人。他们出售房产的价格比买入价格高出数十万美元，甚至都不必为其纳税，因为他们将钱转化成了更多的房地产。他们以高价出售，然后再买更多，而且，你猜到了，不会被征税。当他们去世时，他们的继承人将获得大量的税收减免。他们没有受到重击，国税局只是轻轻地摸了摸他们的头。

> 我们可以追踪各种类型的收入，看看最富有的美国人在哪里赚钱。

好消息是，我们可以追踪各种类型的收入，看看最富有的美国人在哪里赚钱。你猜怎么着？富人并没有缴纳多少税，事实上，

第4章　如何计算你的净收入　　47

他们的收入只有一小部分受到了重击。在大多数情况下，国税局只是"轻轻地摸了摸他们的头"。

你可以自行决定：你是想被重击，还是被轻抚？如果是后者，请继续阅读，接下来我们讨论的是怎样获得税收优惠；如果是前者，我就帮不上你了，但国税局肯定喜欢你。

让我再问一个问题。2-3=5是真的吗？不，当然不是。这是错误的计算方式，问题是，你的经纪人可能正在用这套公式来算计你。

我有一个客户是微软的创始员工之一。她非常富有，有足够的资金来支付自己的开销，还有余力做慈善，而慈善正是她余生想要做的事情。有一天，她打电话给我，啜泣着，因为理财经纪人害得她无法正常退休，她的梦想破灭了，她现在考虑的只能是如何渡过眼前的难关。她甚至没有足够的钱来支付日常的生活开支，因为她的经纪人说服她相信2-3=5，并鼓动她进行了一些可怕的投资。

你得做数学题。数字是我们的朋友，但我们必须能够定义它们，因为经纪人和其他人试图对我们使用秘密语言。他们试图分散我们的注意力，迷惑我们。如果有人说一项投资能让你赚钱，那最好是增加你的银行存款。如果你的银行账户资金越来越少，那么2-3=-1。2-3≠5，对吗？你只有自己去算，才会发觉经纪人有时会给你错误的答案。

读懂金融术语

为了做到这一点，我们必须弄清楚一些非常基本的金融术语。

让我们从"收入"这个词开始。这是一个金融术语,确切地说,它听起来像是钱进来了。下一个是"支出"。我不想听到有人说,"我有收入是因为我持有的股票市值增加了"。问题是你没有卖掉它们。根据我们的定义,这不是收入,它不会给你任何报酬。在你卖掉这些股票之前,不会有钱存入你的银行账户。

"资产"是产生收入的东西。但如果你听银行家的话,他们会说资产包括了任何有价值的东西。他们会告诉你,你的房车、汽车和房子都是资产。不,它们不是,它们是巨大的债务。在无穷无尽的世界里,资产就是能给你带来回报的东西。"负债"是把你的钱拿走的东西。当我们计算时,我们可以确定什么是负债,它每个月、每个季度或每年都从我的账户里取钱。它没有把钱放进去。如果你的账户余额没有增长,那么它就不是一项资产,而是一种负债。我不在乎银行家和经纪人怎么称呼它。

本金是基础。如果你有 10 万美元用来投资,那就是你的本金。如果你借钱或贷款,本金就是原始贷款的价值。利息是你为了借款而支付的成本。或者,反过来说,是你出借获得的报酬——你的头被轻轻地摸了摸。此外,你可能不需要为它缴纳某些类型的税,你的头又被摸了摸。这意味着你想成为那个赚取利息的人,而不是支付利息的人,支付利息意味着受到"重击"。

我们需要区分两种利息。单利是指你根据本金每年支付一定数额的利息。如果你以 4% 的利率借 10 万美元,你每年要付 4 000 美元。如果你没有支付 104 000 美元,那么第二年你就欠了 108 000 美元。你不用支付 104 000 美元的 4%,而只需支付本金的 4%,这就是单利的运行机制。同样的规则也适用于你在投资中赚取单利的情况。根据本金，你每年都会得到固定的报酬。如果你以4%的利率投资10万美元，你每年可以获得4 000美元的利息。

投资者变得富有的原因之一是因为复利。如果你的10万美元投资赚取的是复利，这意味着你的本金和初始利息都会产生利息。如果你以每年4%的复利投资10万美元，第一年你就能获得4 000美元的利息。而在第二年，根据104 000美元的本金计息，由此获得的利息是4 160美元，这似乎没有太大的区别，但随着时间的推移，它会像滚雪球一样戏剧性地扩大。

让我们比较一下单利和复利的区别。投资10万美元，在收取单利25年后，你的投资价值是初始投资的两倍，即20万美元。不错。如果你以相同的利率投资相同的金额，以复利计算，你的初始投资在25年后将价值266 584美元。

复利也可能对你不利。如果你有信用卡透支，那你要支付每月余额的复利。根据美联储2019年第四季度的数据，信用卡平均利率为14.87%。事实上，2019年的利率是1995年以来的最高纪录。[①] 14.87%还只是平均利率，高位利率实际达到了25%。利息滚利息，加上未付余额，很快会给持卡人带来财务危机。经济困难是婚姻的主要杀手之一，而经济困难的原因往往是信用卡债务。复利一直在增长，你发现自己永远无法偿还。你可能认为人们会注意到生活道路上的巨坑，避免信用卡债务，但事

[①] 美联储理事会．消费信贷-G.19.2020-8-7.https：//www.federalreserve.gov/releases/g19/HIST/cc_hist_tc_levels.html.

实并非如此。《华尔街日报》报道，美国的信用卡债务在2019年年底创下纪录①，严重拖欠信用卡还款的人数也在增加，尤其是年轻人。

据说，爱因斯坦曾说："复利是世界第八大奇迹。懂复利的人赚取复利，不懂复利的人支付复利。"你可以搞清楚如何避免支付复利，并找到赚取复利的方法。你是怎么做到的？你只需要持续开展复合投资，它们的价值就会自然而然地保持不断增长。只要你选择的是一家分配股息的公司，并且其股息保持增长，你的钱会越积越多。它每年都在复合增长，你拿出一点钱投资一家公司的股票，如果其始终保持3%或4%的分红比例，30年后，相比初始的投资价格，每年的收益率将达到100%。

因为你的钱每年都在复合增长，它会随着时间呈指数增长的态势。最初几年增长的金额可能不大，但日积月累，它开始疯狂膨胀。如果你支付的是复利，你就会越陷越深；而如果你投资的是复利，你的财富雪球就会越滚越大。你不想支付复利，但你绝对想赚取复利。

你的净收入是收入和支出的差额。假设你一个月挣10 000美元，花7 000美元，你的净收入是10 000美元减去7 000美元，等于3 000美元。你的净收入就是你剩下的资产。

为了更好地理解资产负债表，让我们做进一步分析。首先是收入。美国国税局认为有8种类型的收入。

---

① 林由佳. 美国信用卡债务上升至创纪录的9 300亿美元[N]. 华尔街日报，2020-2-12.

- ➔ 工资：这是你挣的钱。
- ➔ 利润：你经营一家企业的所得。
- ➔ 租金：你因他人使用你的某项资产而获得的报酬，比如租房。
- ➔ 版税：通常这是从知识产权中赚取的钱。实际上，除非去写一本书、创作一首歌曲或开发一套软件，否则很少有人会有版税收入。
- ➔ 股息：这是 capital-C 公司支付给你的部分利润。在美国，我们实际支付的股息税大约是其他收入税的一半。
- ➔ 利息：这是你从本金中赚来的钱。如果你借钱给某人，对方每月归还本金加上约定的金额，你就会获得一点儿利息收入。
- ➔ 短期资本收益：这是你出售有价值的东西的获利。房产就是一个很好的例子。如果你在一年内买了一栋房子并卖掉了它，那就是短期资本收益。
- ➔ 长期资本收益：如果你持有同一栋房子超过一年，那么你就有长期资本收益。

各种收入税率不一

美国国税局对这些收入来源的看法并不相同。这是你获得无限收入的关键因素。在我们的系统中，这些收入来源分为三个部分。

坏桶

美国国税局对工资的课税力度最大。如果你在麦当劳工作，一年挣3万美元，你得购买14.1%的养老、遗嘱及残疾保险，麦当劳公司支付一半，你支付另一半。对于医疗保险，麦当劳公司支付一半，你支付另一半，约为2.9%。你还要支付以下费用：联邦失业保险、州失业保险、工伤保险，以及劳工和产业补偿金。这些都是在公司给你开出支票之前就从你的工资中直接扣除了。你还需要缴纳联邦所得税预扣税，如果你所在的州有所得税，你还需要缴纳州所得税预扣税。这意味着，当你一周赚400美元时，你可能到手只有330美元，甚至更少。

从美国国税局的角度来看，另一个课税重点是自主创业收入。如果你是一个为自己工作的个体经营主，那么问题来了：第一，你要接受更多的审计；第二，你不会得到你应得的所有税收减免；第三，你不能做一个负责任的计划，因为从税收的角度来看，你处在弱势一方；第四，你赚的每一美元都要缴纳自营职业税。这是一套完整的重击"组合拳"。

好桶

相比之下，租金、版税和利息都没问题。这些收入不用缴纳任何社会保障税或医疗保险。不过，特许权使用费、利息和短期资本收益是按普通税率征税的。看上去不错，但实际并不好。你仍在按你的纳税等级为他们付账。虽然你避免了一大笔税，但你仍然要缴纳一部分税。那么，从税收角度来看，什么是最佳收入呢？

无限桶

最好的收入来源是房地产。我可能永远不会为房地产纳税，我的家人也不会。我可以拥有房地产，它可以从1美元增长到1 000万美元，而且不缴纳任何税费。麦当劳的那个家伙赚了400美元，缴税比我多；我赚了1 000万美元，那是房地产，不需要缴税。美国国税局不是正在告诉你应该投资什么吗？

股息呢？它们的长期资本收益税率为0%、15%或20%，具体取决于你的税率等级。

如果你的税率等级最高——联邦税率达到37%，那么股息的联邦所得税税率最高为20%。如果你的税率为零，那么你的股息税率为零。资本资产的长期出售也按同样的方式征税。

长期销售的最高联邦所得税标准是资本收益的20%。如果你作为个人纳税人赚了同样的钱，但不是长期资本收益，那么你的个税起征点是37%，再加上养老、遗嘱、残疾保险，以及医疗保险和任何其他适用的州税、失业税、劳动和产业税，或许还有其他的。如果你是挣工资，而不是出售资本资产，那么所有这些税收都会瞄准你。出售一项资本资产只会让你缴纳一半的税，有时还不到一半。

从大富翁游戏中学习积累资产

我的持有期是永远，我不想出售资产。你玩过大富翁游戏吗？

当你第一次玩的时候，每次你到达一块无人拥有的地皮，你会怎么做？他们卖什么，你就买什么，你在积累资产。如果你在下一轮把它卖给另一个玩家换取现金呢？你可能会输。只有不断扩大资产基础，你才会赢。你可以有策略地出售一些东西来投资其他东西，这样你就可以扩大规模，并使另一处房产变得更好，比如建造一家酒店。

但通过出售长期资本资产并将其转化为现金，你并不是在创造无限财富。现金不是一种资产，除非它能获得回报，如果它存在于你的支票账户中，它就无法产生收益。[①] 而且持有现金还需要考虑通货膨胀的问题，在这里我们暂不展开。一旦你出售资产以获得现金，你就不再拥有该资产或其现金流。记住，你要做的是积累能给你带来回报的资产。其他桶呢？我称它们为"提桶"，下面是我读到的一则关于财富的寓言。我相信它是由一位财务规划师写的，它以一种非常有力的方式说明了这一点。

> 你得积累能给你带来回报的资产，这就是无限桶。

很久很久以前，有两个人，一个名叫布鲁诺，一个名叫巴勃罗，他们住在意大利一个缺水的小村庄里。镇中央有一个蓄水池，

[①] 美国的支票账户类似于我国的活期存款账户，区别是银行不计息，甚至要收取手续费。——译者注

第 4 章 如何计算你的净收入　　55

村民都愿意掏腰包，让蓄水池里蓄满水。镇长向当地人征求意见，决定从大约三千米外的一处泉眼中取水，以保持蓄水池满水。布鲁诺和巴勃罗提交了建议书，两人都以每桶水一枚硬币的价格赢得了这份工作（这在当时是一大笔钱）。

他们开始使用水桶运水，一天可以运20桶左右。装满水的水桶很沉重，提起来很辛苦，但他们赚了很多钱。事实上，按照当地的标准，他们变得很富有了。

一天，布鲁诺对巴勃罗说："我要尽情享受，我要出去吃喝玩乐。"当时他们没有车，所以布鲁诺买了一头漂亮的驴子，这头驴子让朋友们艳羡不已。有一天，巴勃罗对布鲁诺说："为什么不挖一条沟呢？我们在沟里插一根管子，就可以源源不断地把水抽到蓄水池里了。这样，我们就不用提水桶了。"

布鲁诺说："不行。我们有一份好职业，我赚了一大笔钱，为什么要打乱计划呢？"他们继续提桶送水。但是巴勃罗独自攒钱从农民那里购买了泉眼和蓄水池之间的一小块地。然后，每天晚上，提桶送完水后，巴勃罗就会到地里去挖沟。他不停地挖呀挖呀，进度虽然缓慢，但他始终坚持不懈。一年后，他已经挖完了一半，他安装了一条管道，完成了一半的工程。一下子，他不用提着水桶走那么远了。他缩短了提水桶的时间，将工作效率提高了一倍。

最终，巴勃罗建成了通往蓄水池的管道。布鲁诺的收入没有了，村子里不再需要布鲁诺来提水桶了，水直接流入蓄水池。巴勃罗拥有这条管道，他有了一个可靠的收入来源，不需要提水桶了。

如果把管道卖了呢？嗯，他会一次性收到一大笔钱。对此巴勃罗非常清楚，他不想出售管道。他投入了时间和劳力挖掘，现在水流源源不竭，他的收入也是源源不竭。建好了管道，猜猜你不需要再做什么了？答案是你不必提水桶了。

现在你可能会说："我喜欢提水桶。它让我保持身材，让我走出家门，让村民羡慕我。"这对你真正的工作有什么影响？也许你喜欢教书或做其他工作。我明白了，我喜欢我的工作，我喜欢教书，即使我有大量的收入，我也会一直做下去。它允许我做任何我想做的事。

富人的收入来源

现在让我们看看富人在做什么。一个很好的途径是查看美国国税局的数据手册，任何人都可以查看该手册。[①] 它告诉我们，对于年收入超过 100 万美元的人来说，他们 36% 的收入来自无限桶——17% 来自资本收益，47% 来自租金、版税、股息和利息。这些都是被动投资带来的利润。

富人不做什么？出售创收资产。那只是他们收入的一小部分。他们在哪里赚的钱最多？就在那个资产类别里——无限收入。他们略高于 1/3 的收入来自工作。他们仍然坚持上班，但那不是他们赚钱最多的地方，他们的大部分钱都来自他们的无限桶。他们可能仍能挣到工资，但这主要是出于某个特定的考虑。比如，他

[①] 美国国税局. SOI 税务统计——美国国税局数据手册. 2020-6-30. https：//www.irs.gov/statistics/soi-tax-stats-irs-data-book.

们希望获得某些贷款资质，或者将其纳入一项税收递延计划，或者其他各种各样的理由。有时他们不得不这样做，因为他们拥有自己的企业，需要从中获得工资，这是根据企业的设立方式所要求的。但工资只是他们收入的一小部分。所有这些都可以追溯到心态的概念，一旦你相信这对你来说是可能的，你就明白了其中诀窍，数据胜于雄辩。

让我们看一组另外的统计数据。对于年收入超过 100 万美元的人：

→ 65% 至少有 3 种收入来源。

→ 45% 有 4 种收入来源。

→ 29% 有 5 种以上的收入来源。

想想看：2/3 的富人至少有 3 种收入来源。你想发财吗？我建议你至少要有 3 种收入来源，并立即建立 3 种以上的收入来源。这些收入来源包括租金、版税、股息、利息、资本收益，无论是短期收益还是长期收益，都来自资产，而不是你的工作。换句话说，你不是在用时间换取金钱，而是通过资产赚钱。这些类型的收入来源并不需要你专注于此、埋头苦干。你不必为它们提桶，因为这是管道带来的收入。你可以一直有工作，但那是因为你喜欢工作。你工作起来毫无压力，因为你对所做的一切都很在行，你可能最终会成为一名顾问。

我最喜欢的故事之一来自布莱恩·特雷西，他讲述了一个关于顾问的伟大故事。故事大意是，有一个能源工厂遇到了工厂工程师无法解决的严重问题。这位顾问是一位故障排除专家,他在业内以解决各种疑难问题而闻名。工厂经理找到了他,顾问说:"收费1万美元。我明天会去。"

他来了,走进一个房间,查看了一系列显示器和读数,做了一个测试,说:"换掉保险丝,你的问题就解决了。"然后他离开了。他在那里仅仅待了30分钟。当他寄来1万美元的发票时,工厂经理说:"这太过分了。你只在这里待了半个小时,为什么我要付你1万美元?"顾问说:"没关系,你不用为我的时间付任何报酬。"然后他修改了发票:"时间:0。知道问题出在哪里:1万美元。"这个故事的寓意是他有非常专业的知识。有时你仅仅因为有专业知识而能得到一大笔钱,这就是36%收入的一部分。这不是麦当劳的小时工资,而是担任麦当劳的顾问,让他们为你的专业知识付上一大笔钱。

无限计算器

为了更容易计算,我们开发了一种叫作无限计算器的东西。在输入收入来源后,它将完成所有的计算。

我解释一下使用无限计算器的基本方法。

每月总收入 把你的总收入来源加起来。如果你有配偶,也要加上他们的收入。总收入应包括下面的所有收入来源,以及你拥有的任何其他收入来源。

→ 工资

→ 小费

→ 佣金

→ 奖金

→ 利息

→ 股息

→ 业务净利润

→ 出租物业的净利润

→ 赡养费收入

→ 退休金收入

→ 养老金补偿

→ 退伍军人福利

→ 失业救济金

→ 版税

→ 其他收入

每月总收入：＿＿＿＿＿＿＿＿＿

在编制收入表时还需要考虑一些特殊情况。比如，有些情况会影响你的回报，我为什么要特别强调必须区分租金的收入和净收入，因为我们要关注的是你账户上实际获得的收益。如果你每个月可以收到1 000美元租金，但你还必须支付10%的物业管理成本，此外还有维修和其他杂务支出，你真正到手的可能只有500美元。记住，我们每个月都要这样精确计算，如果你得到的是季度数据，就把它除以3；如果你得到的是年度数据，就把它除以12。

每月总开支 我们在前文讨论了"想要"和"需要"之间的区别。现在，我们来比较一下我们想要的和实际开支的情况。在计算开支时，许多人往往忽视了他们花钱买的一些小东西。记住，越准确越好，别忘了把一切都包括进来，不管它看起来有多小。

- ➔ 租金支付
- ➔ 抵押贷款
- ➔ 公用事业费用
- ➔ 业主或租客保险
- ➔ 家庭维修开支
- ➔ 财产税
- ➔ 有线电视/互联网费用
- ➔ 流媒体电视服务费用
- ➔ 手机费
- ➔ 汽车保养费用
- ➔ 汽车保险
- ➔ 燃气费
- ➔ 火车、公共汽车、轨道交通和其他交通工具费用
- ➔ 杂货/食品开支
- ➔ 信用卡还款
- ➔ 分期付款
- ➔ 赡养费
- ➔ 儿童抚养费用
- ➔ 儿童保育费用

- 爱心捐赠和参加宗教活动开支
- 医疗费用
- 牙科费用
- 处方费用
- 人寿保险
- 长期护理保险
- 个人保养费用
- 娱乐开支
- 健身房会员资格费用
- 兴趣爱好费用
- 假期/旅行费用
- 干洗/洗衣开支
- 节日/生日礼物开支
- 其他费用

每月总开支：_____

计算器会帮你找出你的不必要的开支。你能删掉一些不必要的开支吗？你能把有线电视费省下来吗？你能不去看电影或参加俱乐部活动吗？我知道你可能不想削减这些开支，但是，如果你在紧要关头，你能削减它们吗？这些是你不需要的日常开支吗？是不是有些服务你忘了要付钱了？回顾一下你的开支清单，在可能属于不必要的开支旁边加一个星号。现在你可以从每月的总开支中减去不必要的开支。你的日常开支减去你的不必要的开支等于你的实际需求。

这样做的意义在于，它将向你展示如果你愿意，你可以做什么。如果你愿意暂时依靠你需要的东西而不是想要的东西生活，你可能会很快改变可用于无限投资的资金数额，最终过上一种你认为不可能的长期生活。现在我们只需要做一个资产负债表，从你的收入中减去你的开支。

每月总收入-每月总开支=净收入

净收入 以琼斯夫妇为例，他们每个月挣 7 500 美元，开支是 6 500 美元，所以他们的净收入是 1 000 美元，即 7 500 减去 6 500 美元等于 1 000 美元，这就是他们的净收入。当琼斯夫妇检查并修改他们的需求清单时，他们发现可以很轻松地从每月开支中额外削减 1 000 美元的不必要开支。这样一来，琼斯夫妇的净收入翻了一番，达到 2 000 美元。

现在就来计算你的净收入吧。在这一阶段，花时间为自己算出一个数字作为目标是至关重要的。这就像减肥，你需要了解你目前的体重和你想要达到的体重。你必须设定可量化的目标，希望是个正数，如果是负数，那么还需要改进。而如果它是一个正数，它会立即给你带来一些希望。

你可以从任何金额开始你的无限投资计划。即使只有 10 美元，也要开始建立定期节余的纪律。用这笔钱来投资而不是消费。我们有一个培训班，有很多 20 岁出头的年轻人参加，他们都在执行无限投资计划。

他们从被动投资中获得的收益比他们花费的多。有两种方法可以做到这一点：你要么增加这些投资带来的收入，要么减少开支，或者两者兼而有之。小组中的一位年轻人和他的妻子生活都非常节俭，所以他们没有太多的改进空间，但他们仍然承诺了一个数字，这让他们立刻做出了一项投资。

  他们无视媒体或其他人所说的对他们来说可能"更好"的投资。他们的立场是："这样做，我们不再需要工作，而是自愿工作。这样做，我们再也不用担心我们的基本需求得不到满足。有足够的钱，我们有栖身之所，有食物，有基本的生活必需品。"他们的心态是，他们可以控制自己的资金，不会被非受托人误导。他们认为这是一笔不错的交易，因为根据他们仔细计算的净收入，这是可行的。他们做到了，你也可以的。

第 5 章

计算净收入的传统方法

南希通常只扫一眼银行和证券公司寄来的对账单。她承认，刚开始的时候，每次收到邮寄过来的收益报告的纸质文本，她都会花时间认真阅读。那时候，她的资金要少得多，对每一元钱都会精打细算。现在，她好像每天都会收到 100 封电子邮件，通知她可以登录自己的账户，查看账单，这似乎是一件麻烦事。她从来没有认真看过报表上写了什么，一般情况下都只是浏览一下报表顶部的数字，她已经习惯了只看数据摘要，比如账户中有多少金额，以及他们告诉她在投资上做了什么。

1 月的一个早晨，她煮了一壶咖啡，登录了自己所有的账户，花了几个小时回顾和审视细节，这让她大吃一惊。她检查了自己的银行账户、证券账户、退休账户，以及为孩子们设立的"529 计划"①。

过去一年，经济形势很好。标准普尔指数飙升，她持有的大

---

① "529 计划"是美国的一项子女教育储蓄计划，最大的好处是可以节税，美国很多中产家庭都会采用。——译者注

部分股票市值飙升。但她注意到了一些奇怪的事情。每个账户都以百分比的形式总结了过去一年的增长情况,但是当南希用计算器计算时,发现了一些问题,她账户中的金额少于财务报告中声称的收益。在一些账户中差距并不大,但在她的证券账户中,收益率大大低于所说的百分比。南希既困惑又担心:这个有问题吗?她的钱去哪儿了?为什么会这么混乱?

房产是你的最大资产吗

在本章中,你将了解计算净收入的传统方法,以及为什么我们需要抛弃它。我称之为计算净值的旧方法,因为它过时且不准确。为了理解这一点,我们必须对净值进行更深入的研究。在第4章中,我们回顾了收入和支出状况,现在我们将关注资产负债表的另一面,即资产和负债。我们将要检查的是,关于你的资产和负债,银行是怎么认为的,以及为什么它们通常是错误的。我们将了解到这些错误的认知是如何囚禁我们的,这可能会让你恍然大悟。如果我让你说出你最大的资产,你会怎么说?90%的人会说是他们的房产。我还听到一些回答,比如黄金、个人退休账户、汽车或房车,或者他们收藏的1952年的米奇·曼特尔棒球卡[1]。这也是银行的做法,当你做资产负债表时,它们会向你推销各种资产。问题是,这些东西不仅不是资产,而且实际上可能是

---

[1] 美国一款被热炒的收藏品,曾卖出288万美元的天价。米奇·曼特尔是美国著名的棒球运动员。——译者注

变相的负债。我们很快就会讨论这个问题。

首先让我们用老办法更好地理解它,这将帮助我们想到一些数字,把事情搞清楚。列出你认为的资产清单,包括但不限于以下内容:

- 支票账户余额
- 储蓄账户
- 股票〔非个人退休账户或401（k）〕
- 债券
- 既定养老金
- 401（k）账户
- 应收账款
- 人寿保险的现金价值
- 到期退税
- 游艇
- 休旅车
- 度假屋
- 汽车
- 住宅
- 租赁房产
- 个人退休账户
- 家居用品
- 收藏品
- 工具

第5章 计算净收入的传统方法

➜ 其他资产

资产总额：＿＿＿＿＿＿＿＿＿＿

不管它是什么，不管它值多少钱，如果你能卖掉它，然后拿到现金，请把它列在这里。同样，你可以使用我们的无限计算器来实现。如果你有一份在过去一年左右完成的资产负债表，就把它作为起点。你也可以用最近的抵押贷款申请填报内容作为参考。

如果你欠别人什么，请列出这些债务。在此列表中，包括但不限于以下内容：

➜ 个人住房抵押贷款

➜ 出租房产抵押贷款

➜ 度假屋抵押贷款

➜ 汽车贷款

➜ 房车贷款

➜ 游艇贷款

➜ 医疗账单

➜ 牙科账单

➜ 信用卡余额

➜ 其他循环信贷

➜ 或有负债

➜ 应付税款

➜ 应付诉讼费用

➜ 学生贷款

➔ 欠他人的钱

➔ 应付合同金额

➔ 其他负债

  负债总额：_____

  别忘了还包括抚养孩子和照顾其他人的家庭责任。如果你是和你的伴侣一起做这件事，那就是双方的所有义务。我们将把所有这些加起来计算你的总负债，由此算出你的资产净值。你的总资产减去总负债等于你的资产净值。例如，假设你的资产总额高达 50 万美元，而你的负债总额为 20 万美元，用这个老方法计算，你的资产净值是 30 万美元。

资产总额−负债总额=资产净值

传统方法有什么问题

  这种方法大错特错，归结起来非常简单。你拥有一栋价值 100 万美元的大房子，它的抵押贷款是 50 万美元，所以你认为你有 50 万美元的资产净值。但你真能这么想吗？如果明天你失业了，你能从剩余的净值中获得贷款吗？不，因为你不再有工作了，你的房子也成了一种虚假的资产。你失去了工作，但你仍然需要支付抵押贷款、水电费、业主保险和财产税。突然间，你曾经引以为豪的最大资产变成了一笔巨大的、不堪重负的负债，而你却被困在其中。我看到很多客户一次又一次地陷入财务困境，因为有人告诉他们，他们最大的资产是他们的房子，他们能买得起的最大的房子会创造最大的资产。但正如老话所说，如果你饿了，你不能拿你的房子来充饥。

> 如果你饿了，你不能拿你的房子来充饥。

汽车和房屋一样，也是债务。资产会把钱存入你的账户，你可以拿那笔钱去换食品或杂货。如果你能吃它，如果它能养活你，它就是一种资产。负债则会让你挨饿。它们从你口袋里掏钱，会毁了你。我看到许多家庭和企业被债务压得喘不过气来。他们有一套他们实际上买不起的房子和一笔付不起的费用。这些会让他们慢慢地流血而死，直到他们破产或丧失抵押品赎回权。这种错误的资产心态会让好人陷入困境。你的房子不是你最大的资产，它是一项负债。然后你要再加上另一项债务——按揭贷款。突然间，你发现自己在为银行或抵押贷款公司工作。这是金融监禁的典型例子。虽然你在拼命工作，却是在为别人拥有的东西买单。资产就是实际的按揭贷款，遗憾的是，这是银行的资产，而不是你的。

关于负债，我们有一个非常简单的规则。你要确保你有资产产生的收入来弥补债务。在我搬到拉斯维加斯的故事中，我的债务是由资产来承担的。我收到了租金，我可以靠它们生活。我可以用租金购买食品，因此这是真正的资产。我的责任是为我们租住的房子支付租金，但我不必担心它的价值波动，因为它不是我自己的。我没有假装这是我的资产。

你的车是资产还是负债？它能养活你吗？如果你有一辆劳斯莱斯，它能给你带来钱吗？如果你拥有它，它只会花你的钱，这显然是一种负债。然后你可能贷款买了它，这也是一种负债。像许多美国人一样，你用债务购买债务，这当然是个坏主意。

信用卡可能是最糟糕的。你最终是为信用卡公司工作，因为复利积累得非常快，按照它的协议约定，你得先支付利息。抵押贷款也是如此，你是先付利息，而不是偿还债务的本金。如果你的信用卡透支额很高，而你只支付最低还款金额，你需要30多年的时间才能还清，那就是金融监禁。你现在在为信用卡公司打工。很抱歉不得不告诉你这一点，你实际上是在把自己置于一种通过努力工作来养活别人的境地。

要说明的是，我并不是说拥有房子是不好的。我的意思是，你不能用债务来购买债务。我会告诉你如何拥有你自己的房子，而不是拿别人的资产当成自己的，还要给他们付钱。

上大学的费用值得吗

也许你还买不起房，因为你欠下了太多的学生贷款。也许你选择继续深造是因为有人说这将是一个非常有价值的学位，在很大程度上，获得学位是有价值的，但这并不绝对，也不是每个专业都是如此。平均而言，一个大学学位会在你的一生中增加大约100万美元的收入，那么你认为它值不值得你承担二三十万美元的学费？如果你投资 10 万美元，30 年后你应该会有大约 100 万美元。如果你为你的学位支付 10 万美元，从长远来看可能是值得的。如果你支付 20 万美元，而你能得到的只是在你的一生中增加 100 万美元的薪水，那么这可能不是一个好主意（请记住，百万美元是平均值）。

我们知道医生、工程师和律师的收入远高于这一平均值。如果我是一名英语专业的毕业生，年收入为 4 万美元，那么我会花钱攻读工程师学位，因为工程师的年收入为 40 万美元。为什么？因为不同学位花的是同样的钱。我们再次误导了孩子，让他们认为所有学位都具有同等价值，其实不是。你大可不必为了那个英语学位欠 20 万美元的债，对不起，这不是个好决定，这是一项负债，你将在余生中努力偿还学生贷款。在我的工作中，我每天都会查看人们的资产负债表，看到了这些错误决策的后果。我有很多客户已经离开学校几十年了，却还没有真正还清学生贷款的本金，他们无法摆脱它。这不是危言耸听，因为学生贷款几乎不可能在破产时清偿。如果你不谨慎考虑，它将伴随你的余生。

不要成为别人的金融囚徒

还有很多其他金融监禁的例子。我在前文向你展示了某个经纪人在你的账户中任意腾挪，用你的钱支付他们自己的费用时是什么样子。你为自己的投资承担了 100% 的风险，平均而言，他们却获得了约 70% 的收益。我只是给你一个平均值，有些人做得更过分。如果你在市场上丢了钱，他们不会赔付，他们的报酬来自你的损失。他们可能是好意，我相信他们并不想让你亏钱。但是如果亏钱了，对他们来说没有负面影响，最坏的结果是失去你这个客户，但对你来说，却是损失惨重。

举一个简单的例子。如果你有一个10万美元的账户，第一年你在市场上损失了20%，还剩下多少？你还有8万美元。第二年，它上升了20%，华尔街会告诉你，你是保本的。我们来算一下：8万美元的20%是1.6万美元。你的收益是1.6万美元，所以你的余额是9.6万美元。你的本金亏去了4%，你的损失达到4 000美元，所以你并没有收支平衡。这就是所谓的成为别人的金融囚徒，这样他们就可以从你的资产中获利。

人们很喜欢跟风，但这通常不是一个好主意。在房地产泡沫破裂之前，每个人都在说："嘿，这是一个巨大的市场。纽约、加利福尼亚、拉斯维加斯的任何房地产都只会升值。"在拉斯维加斯，有些人买了一套价值50万美元的房子，这种房子只需2 500美元就能租到，而它的抵押贷款是每月3 500美元，他们每个月都在赔钱。但一些房地产经纪人引诱他们买下了它，说这是一个巨大的市场。它会从50万美元上涨到80万美元，这将是一项资产。

我要告诉你的是，在你卖掉它之前，它只是一项负债。出售房屋的交易成本占售价的8%~10%。如果我有一套50万美元的房子，即使我能马上把它卖掉，且有人给了我全价，它的真实价值也只有45万美元左右。这不属于资产。

出租房产只有在能养活你，它放进你口袋里的钱比它拿出来的多的情况下才是一项资产。如果它拿出来的钱比放进去的多，

第5章 计算净收入的传统方法　　75

那就是一项负债。自己算好账，不要让任何人误导你。总的来说，一个真正简单的经验法则是，如果你有一处出租房产，那么预计只有50%的租金会进入你的账户。例如，你有一处月租2 500美元的房产，你只会收到1 250美元。别忘了你得还贷款，你要缴纳房地产税，以及所有与房屋所有权相关的租金。你必须付钱给物业经理，否则你得自己打理它。你还要时不时地粉刷一遍，时不时地更换屋顶，维修供热、通风、空调等系统。这些都是你必须考虑的成本。如果两相抵扣是正数，它就是一项资产；如果是负数，那就是一项负债。

当我接触那些陷入财务危机的客户时，他们告诉我，他们感到窒息，喘不过气来，就像有人把手卡在他们的喉咙上。他们说这感觉像是溺水，不能把头露出水面。这些都不是让人身心愉悦的词汇——被压迫、被摧毁、心烦意乱、沮丧、绝望，这就是金融监禁的感觉。

在接下来的几章中，我将介绍一些具体的行动计划，让你可以从现在开始，防止或摆脱金融监禁。这让我想起了我参加过的一些登山旅行，在那里你只需要不断前进就能到达顶峰。我甚至爬过一座冰川，我记得我们当时好像只是在缓慢前行："一大块冰，又一大块冰，还是一大块冰。"我们所在的位置海拔很高，几乎无法呼吸，接到的指示是继续向上移动。你要的是最终登顶，而不必向冰川冲刺，也不必一步登天。曾经在一场演讲大会上，一位演讲者给我留下了深刻的印象，他谈到了他在珠穆朗玛峰的经历。让人震惊的是，这位爬上珠穆朗玛峰的演讲者是一位盲人。他描述说，由于氧气太少，他们只能每分钟向山顶挪动一步。最要命的是，因为他看不见，所以他一直在听钟声的指引。他说风太大了，一路上他只能紧紧抓住登山专用的破冰斧。只要你朝着正确的方向前进，你就会在某个时刻成功登顶。积跬步而至千里，你只要一步一步地走下去，就会到达顶峰。我告诉你："一览众山小"的感觉真的很棒。

你应该从这一章中学到什么？

➔ 传统方法是如何计算资产净值的，我们为什么要抛弃这种方法？

➔ 你应该把你的房子算作资产吗？你的车呢？

➔ 为什么信用卡债务如此危险？

➔ 你的大学学位是一项资产吗？它值那个价吗？

第 6 章

用无限计算器计算资产净值

沃尔顿是一位上了年纪的房地产经纪人，他经营着一家小企业。和许多同行一样，沃尔顿喜欢教新人诀窍，喜欢分享交易过程。沃尔顿与同行的真正区别在于，他要求员工投资于他们销售的住宅房地产产品。

沃尔顿告诉他的员工，至少要拿出收入的10%投资房地产。更具体地说，他希望员工投资社区租赁房产。如果你想为他工作，他会要求你这样做。他投资的房产类型被称为现金流房产，这意味着他们带来的租金超过了持有成本。如果一处房产以每月1 000美元的价格出租，房主需要有能力支付物业费、修理费、保险费、税费和抵押贷款本息，并且仍有剩余资金。员工似乎很喜欢这个主意，而沃尔顿从来不用费力说服他们购买。他们办公室里有源源不断的生意，沃尔顿总是帮他们挑选好的项目。

其中一个年轻人对购买投资性房地产的要求感到困惑，他原来设想的是为自己购买一套更大的房子。这个年轻人的父母一直教导他，房子是最好的投资项目。因此，他认为一套更大、更贵的房子才是更好的选择，毕竟，这是他最大的投资。这个年轻的经纪人从小就相信，买一套房子，随着价值上涨，可以卖掉它来赚钱，再买一套更大的房子。然而，沃尔顿只谈购买，从不谈出售，他谈论的是在资产组合中持有房地产。

但是，当市场上涨时卖掉它怎么样？这个年轻的经纪人感到困惑，不明白为什么沃尔顿更关注房产的租金，而不是房产本身的价值。事实上，沃尔顿经常拿自己的房地产投资组合的价值开玩笑，说："我不知道，也不想知道——我不卖。"这个年轻的经纪人心想，这个投资组合一定很值钱，如果是他的，他会卖掉它，在最好的社区里买一栋最大的房子，真正享受生活。

但沃尔顿继续做他正在做的事。他会在办公室里培训员工，让他们准备执照考试，这样他们就可以成为房地产经纪人。但他的要求总是一样的，这些员工至少拿出10%的血汗钱，投资于房地产资产。10%的工资在当时似乎是一大笔钱，但实际上并没有多到很离谱。

随着岁月的流逝，员工的投资不断增长，一些令人惊讶的事情开始发生。员工越来越高兴，因为他们能抽出更多的时间休息。他们的压力很小，因为他们拥有的房产产生了额外的收入。他们还与客户分享这种做法，之后客户也会进行投资。这个年轻的经纪人在工作之余，有时会和朋友分享他正在做的事，因为他的朋友似乎在经济上都很困窘。他告诉朋友们他做了什么，以及他总是投资至少10%的收入，这很容易，而且他经常会投资更多。他的朋友们会大笑，并回应说，他们现在几乎无法支付抵押贷款、汽车贷款、学生贷款和其他各种费用。

多年后，这个年轻的经纪人积累了相当多的房地产投资组合。

事实上，他几乎把100%的资金投资于房地产交易，因为他可以靠自己购买的第一套房产的收入生活。这个时候，这个经纪人终于意识到，多年前当他刚刚入行的时候，沃尔顿教会了他什么。

算出你生活所需的收入

在本章中，你将会学习到如何将第4章中的旧数字转换为新的无限数字，以及如何使用这些信息。我们已经讨论了银行计算资产净值的传统方法，以及这种方法对我们的不利之处。那些旧数字并非完全无用，但我们必须将它们进行换算。如果你知道如何处理这些数字，它们就是有用的数据。我们将获取这些数据，了解其中哪些部分属于无限收入来源，并了解如何对数据进行反向推算，以便确切了解自己的无限净值。所谓无限净值，简而言之，就是你不工作也能活的天数。它会告诉你，如果不拿起水桶，不把水送到村里的蓄水池，你可以活多少天。

记住，有效的无限投资意味着首先要算出你生活所需的收入。你需要考虑被动收入来源。这会告诉你，你需要多少收入，来满足你想要的和需要的。然后你只需要弄清楚生产它的资产在哪里。做一个小测验，你必须用大脑思考——想象一个普通的农场，里面有哪些资产。是筒仓吗？是那辆拖拉机吗？是拖拉机上的公鸡吗？是农舍吗？

让我们进一步分析。拖拉机是一项资产吗？拖拉机能够给我提供食物吗？农舍能养活我吗？这些筒仓能养活我吗？我知道是什么养活了我吗？不是这些，是庄稼。它们才是资产——玉米、小麦、大豆——不管我种什么，都应该算作资产。这很难捉摸，因为我不一定需要所有的农场设备来养活我。

我可以拥有这些设备，也可以和别人分享。如果我这样做了，让其他人耕种土地，他们就会付给我部分利润。他们种了所有的庄稼，还付给我钱，而我不用动一根手指。随着家庭农场的减少，这种情况正在全美各地发生。或者我可以自己耕种，但只有在收入超过经营农场的成本时才值得这么做。那座农舍和所有的设备都是有价格的。我只是把作物储存在筒仓里，这就好比我的401(k)计划、个人退休账户或固定收益计划。我必须通过密切关注来保护它。我必须确保筒仓里没有老鼠吃掉庄稼，而老鼠好比中间人。如果我不小心，它们会把庄稼吃掉的，所以我必须密切关注老鼠。如果你刚好是一名经纪人，我的言语可能有些冒犯，我向你道歉。你可能是一个好心的经纪人，但遗憾的是，我是一名律师，我只想告诉你，有些经纪人败坏了这个行业的名声。

从第1章中你学到了聘请受托人是多么重要。受托人需要把你的利益置于他们自己的利益之上，他们不会为了增加佣金而在你的账户中制造混乱。他们往往是为了管理整个资产组合而获得报酬的，他们通常收取约1%的费用。你应该聘请合适的人来确保你种植的作物最适合当地气候，受托人会保护委托人，因为这是他们的职责。

对于一些理财顾问来说，仅仅做一名经纪人（而不是受托人）要容易得多，因为他们可以反过来让客户成为他们的"经纪人"，并且仍然可以获得报酬。如果你是一名受托人，你却做了你的客户的经纪人，那你可能会被起诉，因为你承担的是受托责任，这就是本书开头的摩根士丹利案例中揭示的道理。

深思熟虑之后再做决定

明智地使用你的资产意味着要做出很多决策。有些决策基于常识，有些则可能是反直觉的。下面我将介绍一些最常见的生活场景。我应该租车还是买车？我应该投资个人退休账户吗？我应该持有那张零利率的信用卡吗？我应该把钱投入股市吗？我应该买房子还是租房子？请记住，这一切都需要我们始终坚持所有金融业务都基于的三点规则：计算，计算，计算。

> 始终坚持所有金融业务都基于的三点规则：计算，计算，计算。

买车还是租车

买车还是租车对你更有利？你需要计算拥有成本，并真正算出准确的数字。我可以告诉你，在不到20年的时间里，你可能再也不会买传统的汽油车了，你将会购买电动或混合动力汽车，因为拥有成本要低得多。你必须计算出一辆车的总成本，因为你买一辆车，可能会花很多钱在修理上，或者最终成为一个耗油大户。你必须把所有这些开支加起来，才能确定与租赁相比，拥有汽车的真实成本。

让我们记住，美国国税局每年都会给我们一个里程费用数字，从历史上看，这个数字在每英里①53美分到58美分之间。根据汽油价格和车辆磨损程度，你能够计算出维护车辆的成本。如果你一年开一万英里，而美国国税局的里程值是每英里58美分，那就是5 800美元。在这种情况下，租车更好，还是买车更好？你必须仔细比较两者，因为汽车仍然是一项负债。通常情况下，人们最好是租赁他们想要的汽车，而不是购买他们想要的汽车，但购买他们需要的汽车要好得多。最好的答案是购买一项资产，并根据该资产每月产生的金额来决定是购买汽车还是租赁。例如，如果我能够购买一处每月能给我带来450美元正现金流的租赁房产，我可能会以接近每月450美元的价格租赁我想要的汽车。

买房子还是租房子

买房子和租房子，哪个更好？那要看具体情况。如果你能在你想住的社区以购买成本的一半租下房子，那你应该租下来。你要计算生活的成本，有房子可住需要花多少钱，这取决于你是想保证基本生活需求，还是想住得非常舒适。你会去租一套37平方米的公寓吗？你刚毕业的时候可能就是这么做的。你现在还想这么做吗？可能不会。但如果你需要，你可以。你计算出这个数字是多少。你想要什么？这是你想住的地方。太棒了！你应该买这套房子吗？不管怎样，它仍然是一项负债，所以你要计算拥有它的成本。拥有的成本比租房的成本高吗？比较一下。

---

① 1英里≈1.6公里。——译者注

根据圣路易斯联邦储备银行的经济数据，租住和购买同一套住房的成本几乎相同。① 遗憾的是，当我们买房时，我们往往会花更多的钱，因为房地产经纪人很擅长兜售他们的房子，而不是关注我们需要什么和想要什么。2008年的大衰退主要就是基于这种心态，其后果是灾难性的。考虑到住房几乎总是一种负债，我个人倾向于购买其他资产而不是住房，并允许资产收益可以抵扣我的租金或购房抵押贷款。例如，如果我买想要的房子将花费每月3 000美元的利息或3 000美元的租金，我希望有足够的收入，比如租赁收入、股息或其他无限收入，来支付这笔金额。

投资罗斯个人退休账户还是传统的个人退休账户

你应该投资罗斯个人退休账户还是传统的个人退休账户？两者之间有什么区别？为什么有人在面临巨额缴税压力时，将传统的个人退休账户转换为罗斯个人退休账户？道理很简单：在传统的个人退休账户中，你可以就你存入个人退休账户的钱获得税收减免，但在提取本金和收益时要纳税。在罗斯个人退休账户中，你存入个人退休账户的钱不能获得税收减免，但在提取本金或收益时也不纳税。两种账户都还有一些细则和具体要求，但主要的差别如下：

➔ 传统的个人退休账户 = 现在减税，但以后纳税。

---

① 美国劳工统计局. 城镇居民消费价格指数：美国城市平均住宅租金约等于持有成本 [EB/OL]. 2020-8-12. https：//fred. stlouisfed. org/series/CUSR0000 SEHC.

第6章 用无限计算器计算资产净值　　87

→ 罗斯个人退休账户＝现在不减税，但以后不纳税。

这就是为什么一些投资者热衷于使用罗斯个人退休账户投资，因为他们可以让 5 000 美元投资正常缴税，30 年后，如果 5 000 美元变成 50 000 美元，他们就不用再纳税了。温习一下前面所讲的规则：计算，计算，计算。

如果我在工资收入最高的年份，使用传统的个人退休账户投资方式，按照州和联邦的 30% 税率组合纳税，那么我缴纳的每 1.00 美元基本上可以得到 1.30 美元，因为获得了 1.00 美元乘以 30% 税率的税收减免。所以我在个人退休账户里有 1 美元，还省了 30 美分的税。如果我向罗斯个人退休账户缴纳 1.00 美元，必须先纳税（1.00×30%＝30 美分），所以我实际只存入了 70 美分。也就是说，我在传统的个人退休账户中有 1 美元，外加 30 美分的税收减免，而在罗斯账户中只有 70 美分。

传统退休账户第一天就领先了 60 美分。这需要多年的投资回报才能弥补这一缺口，但罗斯退休账户里的收益增长是免税的，所以许多人仍然认为这才是更好的交易。有专家说，"但是你必须为传统个人退休账户的提款纳税"，这没有说错，但经常被误解。

这反映了绝大多数美国人退休的现实问题——退休后税率大幅下降。根据美国人口普查，平均退休家庭和中位家庭（第 50 百分位）都位于第二低的联邦税率水平，目前最高为 12%。假设州税率至少为 3%，一个普通家庭最多只能缴纳 15% 的税。为了清楚阐释两种账户之间的数据差异（尽管大部分情况下差距仅在 10%

以内），我举例进行说明。

假设如下：

- 某人，40岁，按照联邦和州的30%税率组合纳税，每年投资5 000美元，获得7%的收益率，为期30年（70岁退休）。
- 如果投资于罗斯个人退休账户，他将有330 613美元的退休金。
- 如果投资于传统的个人退休账户，他将有472 304美元的退休金。

看上去不错，但传统的个人退休账户需要缴纳15%的税，因此，如果加税的话，实际是401 458美元。所以现实情况与专家告诉你的大不相同。这就是为什么上帝发明了计算器——它就像你专属的便携式测谎仪。

同一个计算器会告诉你，罗斯个人退休账户对于处于最低税率等级的年轻人来说是很棒的，因为他们的税率等级只会上升。我们还知道，对罗斯个人退休账户的投资可以随时取消，而不会受到惩罚，因此是极好的储蓄计划。相比之下，当一个人现在的收入水平比退休时可能的收入水平更高时，他会放弃传统个人退休账户的税收优惠，把钱投入罗斯个人退休账户。还有一种转换方法，就是有人把传统的个人退休账户转换成罗斯个人退休账户，并对转换后的资金纳税。在我看来，这种做法意义不大，但我注意到这种做法还比较普遍，并受到许多理财顾问的积极鼓励。

办零利率信用卡划算吗

办张零利率的信用卡，划算吗？这取决于你要买什么。如果你刷卡购买一项资产且在免息期内还清了款项，这笔交易非常划算。零利率只有有限的免息期，然后利率会飙升，平均利率在18%左右。根据我的经验，几乎80%使用零利率信用卡的人没有在免息期内还清欠款，然后这些卡马上变成了利率18%的付息信用卡。这对你来说不是一笔好买卖，但对信用卡公司是一笔大生意。

银行和信用卡公司非常乐意提供信用卡服务，因为无论你用信用卡支付什么，都能给它们带来机会。你要么是在支付费用，要么是在购买债务。信用卡并不是那么危险，危险的是它让我们买的东西。我在本书中反复强调的是，你永远不应该用债务来购买债务。

应该投资股市吗

你应该对股市使用同样的原则。你可以把钱投到一家公司，这家公司目前的股价很高，但实际上并没有给你任何报酬。事实上，你可能是花钱开了那个账户，或者你正在因为通货膨胀而赔钱，每年大约2%的通货膨胀率会导致你的钱贬值。因此，如果你投资股市，你持有的账户资金中有很大一部分不是资产。资产是能给你带来收益并将收益存入你账户的东西。你应该寻找像我在第1章中提到的股息之王这样的股票。记住，只有很少的股票才能持续支付股息。在 50 年或更长的时间内，一直在派发股息并坚持 50 年以上每年增加股息的公司只有不到 25 家。增加的股息实际上是可以用来消费的，你可以用它买食品或杂货。这样的股票就是一项资产。

如果你在亚马逊刚上市时买了它的股票，你可以说："嘿，这是一只飞涨的股票。看，它的价值涨了这么多。"但它从未给过你哪怕是 1 美元现金。如果你有信用卡债务和亚马逊的股票，你可以比较一下，然后说："我持有股票的成本是年利率 18%。"如果你在每股价格 400 美元时，花了 1 万美元购买亚马逊的股票，你就成功了，现在这项投资价值 5 万美元。

如果你把它卖了，你可以赚 4 万美元，但这只是理论价值，真正到手的钱没有这么多。首先，你必须纳税。如果你持有股票超过一年，联邦税和州税汇总后最高税率达到 20%（为了便于计算，我们会设定为 2%）。现在你的盈利降到了 32 000 美元。然后我们要计算你为这 1 万美元支付了多少利息。假设你持有该投资 5 年，而你有信用卡债务或其他贷款。根据 WalletHub[①] 发布的《信用卡前景报告》，美国信用卡平均利率为 19.02%。[②] 如果你在出售股票后偿还信用卡债务，你将要支付 23 883.60 美元（10 000 美元外加 5 年利息）。其中 13 883.60 美元是利息，你必须从获利中扣除利息，这时你的收益仍然高达 18 116.40 美元，因为这是资本市场上有史以来最好的股票之一。虽然这是一个巨大的回报，

[①] 美国著名的财经类网站。——译者注
[②] 艾琳娜·科摩罗. 信用卡前景报告 [EB/OL]. WalletHub，2020-8-13. https://wallethub.com/edu/cc/credit-card-landscape-report/24927/.

但这肯定不是你从股市历史上最伟大的成功故事中所期望的收益。亚马逊的背后，是一将功成万骨枯，更多失败的创业故事会让你的投资本息无存。

你不能通过举债来进行投机，也就是说你不能用负债来购买负债。

需要注意的是，这些规则同样适用于租赁物业和租赁地产。这项投资是给你带来了正现金流，还是每个月从你的口袋里掏钱？现金流是否可以偿还包括利息在内的债务？如果你有一项通过债务购买的资产，你就必须算这笔账。如果它不足以覆盖债务本息，那么你就得帮着偿还债务。你又开始提桶了，只要你是提着水桶去村里的蓄水池付钱，这就是一项负债。

确定产生无限收入的资产类型

如果你必须为某件事付费，那就是一项负债，当然收购除外，我说的是购买它的持续所有权。你的账户每个月都在"流血"吗？为了弄清楚这一点，你需要计算。我不是说你不能买豪车豪宅，我想说的是，如果你要这么做，必须有无限收入（Infinity Income）来支付这笔钱。如果你想住在一栋漂亮的房子里，那么你最好有资产来支付。这些资产是什么？它们会产生什么样的收益？它们会给你带来无限收入，我会告诉你如何计算。无限收入指的是无论你是在度假还是工作、睡觉还是醒着、在国内还是在国外旅行，都能持续不断地获得收入。我们要做的是确定产生无限收入的资产类型。

> 无限收入指的是无论你是在度假还是工作、睡觉还是醒着、在国内还是在国外旅行，都能持续不断地获得收入。

例如，如果你要出租自己的房产，你必须注意你的资产净值。记住，我告诉过你，出租房产的经验法则是，50%左右的净得应该是你的底线。如果你以每月 1 000 美元的价格出租一处房产，你的期望是，在支付保险、税收、维修和管理等费用后，每月获得大约 500 美元的收入。也就是说，你每月的净租金是 500 美元，这才算是一项资产。

你可能还有版税。也许你写了一本书，开发了一款软件或者一款电子游戏，这些也是资产，你也可以从中计算出正现金流。

股息呢？假设你持有可口可乐公司的股票，它会定期给你股息。你拥有美国电话电报公司的股票，它也会给你股息。埃克森美孚、威瑞森和任何一家股息大亨也是如此。现在你有了股息，你可以把它分解到每个月。股息通常按季度发放，所以你必须将其除以 3，或者看看每年的金额，然后除以 12，得出每月的金额。假设你每月获得了 150 美元的股息，这些也是资产，你可以计算它们的现金流。

如果你把钱借给别人呢？还将包括你每月赚取的利息。你借钱给奈德叔叔，他每月付给你 100 美元的利息。借款给他人是一种资产，你收到的任何利息都应该加到你的现金流中。

实际上，通过股票赚钱有三种不同的方式。大多数人只知道一直被动等待股价上涨。为了理解和利用另外两种方式,你先要学习两个简单的概念。首先,当你拥有一项他人想要的资产时,就可能有一个期权市场。期权是一种奇特的方式,用来表示购买或出售它的协议。例如,如果你拥有房产,有人可能会想从你那里购买,并向你提供定金,让他们有权在一定的时间内以一定的价格购买。也许你会以20万美元的价格卖掉你的房子,有人说他们希望在未来30天内随时以20万美元的价格买下你的房子,他们答应付给你1 000美元。时间越长,他们支付的费用就越多。其次,有买方市场就有卖方市场。如果你想以20万美元的价格买一套房子,你可以向某人出售一个期权,让你在一段时间内以20万美元的价格购买房子。例如,你可能会对房主说,如果你付给我1 000美元,我会同意在特定的6个月内,不管市场发生什么,以20万美元的价格买下你的房子。如果市场下跌,房子只值19万美元,他们仍可以让你付20万美元来买这套房子。如果市场保持不变或者上涨,你可以保留这1 000美元。但如果市场下跌,你有义务支付你最初同意的金额。

在股票市场上,购买股票的期权与以固定价格购买房子的期权完全相同,这被称为看涨期权,这是有市场的。我们将在后面的章节中详细讨论这一点。有人强迫你以某个价格购买的期权被称为看跌期权,这与上面的例子完全相同,在这个例子中,你向房主出售了以20万美元购买房子的权利。当你出售这类期权时,它们被视为短期资本利得。把这个收益也作为每月现金流汇集起来,你需要在收益中计算它。

你从出售期权中获得的资金通常会比从股票中获得的股息多

一点。如果你获得了每月 150 美元的股息，那我们估计你还有 200 美元来自短期资本收益（也称为期权收入），你需要把这些加起来。你很久以前写的那本书的版税是每月 10 美元，你每月有 500 美元的净租金收入，还有每月从奈德叔叔那里得到的 100 美元利息。把这些加起来，每个月就有 960 美元（见表 6.1），如果你就是这么做的，那太好了。你只是在计算你每月有多少收入。

表 6.1　无限收入示例

每月净租金收入	500 美元
每月版税收入	10 美元
每月股息收入	150 美元
每月利息收入	100 美元
每月短期资本收益	200 美元
每月无限收入总额	**960 美元**

计算每天的无限收入

现在我将向你展示如何使用这些信息。你要把你每月的无限收入乘以 12 个月，转化为年收入，这个数字是你的年无限收入。然而，我们想要一个无限收入的每日数字，所以你将年收入除以 365（一年中的天数），这将告诉你，你每天的无限收入有多少。

在上面的例子中，这个数字是 31.56 美元（见表 6.2）。计算每天的花费是很重要的，因为如果你意识到你每天花费 300~400 美元，而只赚到 30 美元，你会如梦初醒。这可能会让你意识到："好吧，也许我不需要喝 6 杯拿铁。"

表6.2 每天的无限收入

每月无限收入总额	960 美元
乘以 12（月）	11 520 美元
除以 365（天）	31.56 美元
每日无限收入	31.56 美元

如果我每天花费 400 美元，那么无限收入必须达到每月 12 167 美元或每年 146 000 美元（每天 400 美元乘以 365）。我们的净值是每月的支出和每月无限收入之间的差额，请正视这一现实。

以琼斯一家为例来说明如何使用这个概念，以下是关于琼斯一家的一些情况。

琼斯一家每月总共挣 7 500 美元，每月花费 6 500 美元。在他们的月收入中，有两处出租房产每月总收入 1 500 美元，每月租房净收入 750 美元。没有任何版税收入。有一个不错的股票投资组合，每月有 250 美元的股息收入。

他们在一个证券账户中有 10 万美元，因为他们不借给任何人钱，所以利息收入为零。他们利用自己的账户投资，每个月额外赚取约 400 美元。换句话说，他们每月产生约 1 400 美元的无限收入（见表 6.3）。为了得到每日无限收入的金额，我们只需将 1 400 美元乘以 12 个月，再除以 365 天，最后得到每天 46.03 美元。这就是他们每天的无限收入。如果他们每天只需要花费 46.03 美元，他们就再也不用工作了，因为他们有足够的被动收入来满足生活需求。

现在我们需要通过计算他们的花费来确定他们的净收入。他

表6.3 琼斯一家的每月总收入

每月净租金收入	750 美元
每月版税收入	0
每月股息收入	250 美元
每月利息收入	0
每月短期资本收益	400 美元
每月无限收入总额	1 400 美元
每月其他收入总额	6 100 美元
每月总收入	7 500 美元

他们每月从工作中获得 7 500 美元的收入，每月有 6 500 美元的开支，所以他们每月有 1 000 美元的节余，这被大多数银行称为净收入。

如果保持这个状态，他们将在月底获得额外的 1 000 美元。琼斯夫妇商量了一下，决定通过减少一些需求，再削减 900 美元的开支。那 900 美元就是我常说的"脂肪"（fat）。他们过去每个月开支 6 500 美元，减去 900 美元，将降至 5 600 美元。这就是他们的需求。按想要的生活计算，他们每月有 1 000 美元节余；而按基本的生活需求计算，他们每月的节余达到 1 900 美元。

为什么要不厌其烦地分析以上数据？因为它为琼斯一家的关键决定提供了基础信息。不管他们花费 6 500 美元还是 5 600 美元，我们将这个数字乘以 12 个月，除以 365 天，就得出了他们的开支情况——包括他们想要的生活或基本需求情况。我们先看看他们每天想要购买的物品和服务，然后看是否有进一步节约的空间，来计算他们的实际日常需求。如果他们身处困境，不得不削减开支以求生存，他们可以看到这个数字。

琼斯一家的月收入为 7 500 美元，要过上他们想要的生活，目前的月支出为 6 500 美元。记住，他们决定，如果有必要，他们可以从开支中削减 900 美元的"脂肪"。这使得他们每月的净收入按想要的生活计算为 1 000 美元，按需求计算为 1 900 美元。因此，我们将 6 500 美元乘以 12 个月，再除以 365 天，得到 213.70 美元。这就是他们每天为满足自己期待的生活标准而支付的金额，这也是大多数人更倾向于接受的数字，以他们想要的方式生活，而不是压缩开支。

现在，他们每年要花 7.8 万美元，或者说每天要花 213.70 美元，来满足他们的生活需要。他们的问题是：他们每天只有 46.03 美元的无限收入，两者之差为 167.67 美元。如果他们不想削减开支，需要增加 167.67 美元的无限收入才能放弃工作。另一个办法是削减开支，这会大大缩小差距。如果琼斯一家的开支金额控制为每月 5 600 美元或每年 67 200 美元，那么他们每天需要花费 184.11 美元。他们需要花的钱和他们已有的无限收入之间的差额是 138.08 美元（见表 6.4）。

表 6.4　琼斯一家想要的生活标准和基本需求　　　　　　（单位：美元）

	想要的生活标准	基本需求
每月工资收入	7 500	7 500
每月开支	6 500	5 600
每月净收入	1 000	1 900
年度开支	78 000	67 200
每日开支	213.70	184.11
每日无限收入	46.03	46.03
缺口	-167.67	-138.08

实现无限投资的最快途径不外乎两个办法：减少每天的开支，或者增加无限收入。

如果琼斯一家放弃工作，根据他们目前的生活方式，他们每天的缺口将是 167.67 美元。通过这个数字能够计算出他们放弃工作后的总生存天数。

假设他们的总资产为 50 万美元，总负债为 25 万美元，则资产净值为 25 万美元（资产减去负债等于资产净值）。将 25 万美元（资产净值）除以每日缺口金额 167.67 美元，结果显示，琼斯一家的资产净值可以支撑他们 1 491 天不工作。

再举一个例子。假设你是一个百万富翁，拥有 100 万美元的资产。祝贺你！根据一般的认识，你很富有。但实际上呢？

遗憾的是，你没有无限收入，每天的开支是 400 美元。反向推算，每天 400 美元乘以 365 天，最终得到年度开支金额 146 000 美元。除以 12 个月，计算出每月 12 000 美元的开支费用。在收入为零的情况下对应每天 400 美元的缺口，百万富翁先生，你能活几天？用你的百万美元除以 400 美元的缺口，你可以坚持 2 500 天，也就是 6.8 年（见表 6.5）。在此之后你就完蛋了，你不得不卖掉你所有的一切，而你名下一分钱也没有。你还一度以为你很有钱！这种坐吃山空的情况在退休人员身上反复发生，只是表现得不那么明显罢了。

出售资产的问题在于，变现从来没有那么容易。市场波动、经纪人费用、房地产中介费用、税费和其他费用会大幅削减你到手的金额。如果你已经多年没有工作，而积蓄也所剩无几，你就不得不为了吃饭而甩卖所有东西。即使你的家具高端大气上档次，你也不得不裸价甩卖。

第 6 章 用无限计算器计算资产净值

表 6.5　你的资产能够支撑多久

资产：100 万美元	750 美元
无限收入：0	0
每日开支：400 美元（一年按 365 天计）	250 美元
年度开支：14.6 万美元	0
每日缺口：400 美元	400 美元
支撑天数：2 500 天（6.8 年）	7 500 美元

算一算你的无限净值是多少。你也可以通过上述方式来计算不用工作的天数。现在你可能感到沮丧，但如果你遵循无限计划，你的收入最终会达到无限大。你可以慢慢开始，积跬步而至千里。关键在于，随着时间的推移，我们希望达到这样一个目标：我们永远不必为了生存而出售任何东西，你的无限收入将永远持续下去。

环顾四周，通过无限收入产生巨大影响的故事比比皆是。我在拉斯维加斯的办公室所在的大楼以霍华德·休斯命名。休斯创办了世界上最大的基金会之一，价值超过 200 亿美元。2020 年，该基金会向医学研究机构捐赠了 5 亿多美元。由于本金受到保护，休斯的基金会始终维持复合增长，不断发展壮大。我把休斯这样的人称为"管家"，我会在第 8 章中介绍为什么这么称呼他。

你也可以和家人一起做。如果你有无限收入被创造出来，并且你一直在积累，然后你的继承人在你去世时没有变现，那么它将走向永恒。它不会减少，而且会随着时间的推移继续增长。按照统计学规律，它将从 100 万美元变成 1 000 万美元，从 2 000 万美元变成数亿美元。这听起来不可思议，但如果从现在开始坚持 300 年，你今天的努力将惠及你的子子孙孙。

第 7 章

无限投资的三大戒律

约翰和莎莉做了他们应该做的一切。他们都有很好的工作，有一个美满的家庭，从表面上看他们非常成功。他们决定买一套房子，于是找到了房地产中介。中介直接把他们带到抵押贷款经纪人那里，以确定他们能买得起多少钱的房子。不久之后，他们在镇上最好的社区买了一栋漂亮的房子。

约翰和莎莉立即开始偿还这栋房子的按揭贷款，在经济衰退来袭时已经还掉了大约一半。这时候，莎莉失业了，但约翰还在上班。说实话，莎莉真的不介意失去工作。她想花更多时间和孩子们在一起，她觉得生活无虞。当他们周围有人止赎时，约翰和莎莉没有特别在意，毕竟，他们的贷款占比已经不高。

当街对面的邻居挂起房产待售的牌子时，约翰和莎莉走过去问他为什么。邻居解释说，他根本付不起房款，继续偿还超过房屋价值的抵押贷款是没有意义的。于是，约翰和莎莉问了一个再普通不过的问题："你打算卖多少钱？"邻居的回答震惊了他们，这远远低于约翰和莎莉所认为的他们社区的房价，大约相当于他们房屋抵押贷款金额的一半。

约翰和莎莉开始焦虑起来。他们联系了抵押贷款经纪人，问他是否有可能为房子再融资。毕竟，自经济衰退以来，利率一直在下降。经纪人告诉他们，这是不可能的，因为他们实际上不再拥有房产净值。你看，净值是基于房屋价值减去所欠债务。因此，尽管约翰和莎莉已经还清了他们房子的一半原始债务，但他们实际上没有房产净值，因为房子的价值下降了。

坏消息接踵而至。他们抵押贷款的利率正在调整，他们的实际还款还会上升。约翰和莎莉最大的误区在于，他们一直认为房产是他们送孩子上大学的杠杆资产，并将在退休时使用，因此，他们并没有把钱存起来，而是一直在偿还房屋抵押贷款，现在钱不见了。约翰看着莎莉，松了一口气，因为他知道至少自己还有工作，而且如果还款增加了，莎莉也可以回去工作，以确保他们能够继续偿还债务。

6个月后，还款的增加成为压倒约翰一家的最后一根稻草。莎莉意识到，尽管她有着丰富的工作经验和无可挑剔的敬业精神，但在熟悉的领域里再也找不到过去那么高收入的工作了。约翰和莎莉意识到，除了卖掉房子，摆脱沉重的贷款包袱，他们已经别无选择。因此，他们亏本卖掉了房子，仅仅为了能够在不欠银行一分钱的情况下离开自己的家。他们失去了所有的钱，房子和他们之前的还款也通通归零。虽然失去房子让他们很伤心，但幸运的是，他们摆脱了债务的重压。

无限投资的三大戒律

在上一章中，我们学习了如何使用无限投资计算器将传统的财务信息转换为新的无限数字。现在我们将重点关注个人理财的一些问题，这些问题给很多美国人带来了巨大的痛苦。连错三次保证会让你陷入金融监禁。在本章中，我将梳理这些失误是如何酿成的，以及如何避免它们。

我们在第5章中学习了有关计算收入、支出、资产和负债的知识，接下来让我们看看它们是如何相互作用的，并了解当人们误解了这些科目是如何相互作用时，通常会犯的最大错误是什么。

人们在财务管理方面通常会犯三大错误，我称之为"三大陷阱"。我们将对它们进行审查，并检查你的收入支出表和资产负债表是如何相互作用的，而这一切都与资金的流动性有关。例如，如果你只是通过工作赚钱养家，没有任何额外的钱用于资产积累，情况如图7.1所示。

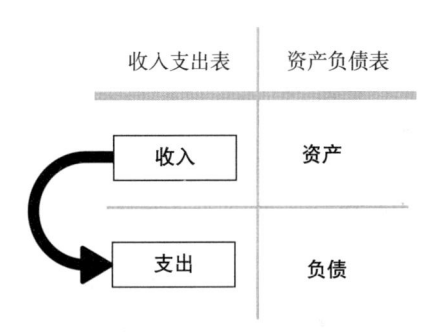

图7.1 收入支出表和资产负债表相互作用

图很简单，但我们的财务生活并没有那么简单，很容易落入某些陷阱。第一条戒律是：不要举债消费（见图7.2）。一个简单的例子是不要用信用卡支付房租。你绝不能用负债去支付任何开支，如果你这样做，那绝对会出问题。

第7章 无限投资的三大戒律　　105

戒律一：不要举债消费

我知道可能有人会说，"我别无选择"。事实并非如此，你总是有选择的余地。削减开支，记录每一笔开支，坚决避免用负债来支付开支，坚决不。唯一的例外是，如果你是一名大学生，你想攻读工程专业或其他有很高市场价值的学位，那你可以尝试。例如，你可以看看牙医的起薪和平均工资，然后使用这些数据进行科学计算。历史、哲学、英语或类似的学位价值很难预估，平均工资也很低。一般来说，英语专业的学生起薪在每小时 15～19 美元，为这类学位背负巨额债务是毫无意义的。如果你只是欠了一小笔债，我能够理解，但是如果你正当壮年，又在全职工作，那么绝对不应该通过负债支付开支。

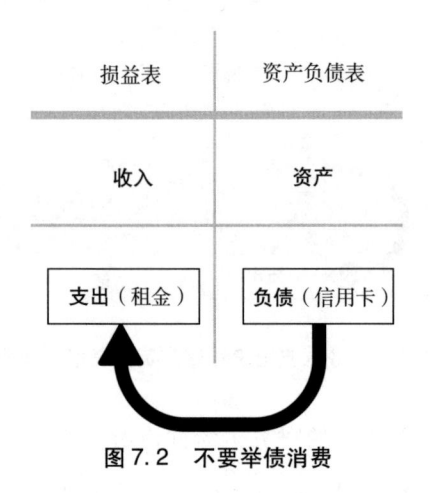

图 7.2　不要举债消费

戒律二：不要以收抵债

不要稍有余钱就去疯狂购买。第一次买房的人往往会惊讶于他们有资格买一栋大房子，实际上，这并不意味着他们能负担得起。这往往是通往痛苦之路的起点：房地产中介很乐意卖给你一套更贵的房子，因为他们获得的佣金会更高；放贷者会很高兴最大限度地贷款给你来从中赚钱；信用卡公司喜欢你使用信用卡买东西并经常透支；家具店的销售员很乐意为你的每个房间装满新家具，而且可能还愿意提供内部贷款。由于这些情况，你最终会陷入金融监禁。放贷人似乎都在想："是否能让你成为奴隶，这样我们就能从你身上赚到钱。"

不要用你的收入购买债务，而是要用你的收入去购买资产（见图7.3）。当你有足够的资产时，你可以开始更大规模的购买，但不能本末倒置。这是一场大富翁游戏，你在前面几轮游戏中购买的资产将在之后产生收入，还不到你大手大脚花钱的时候。

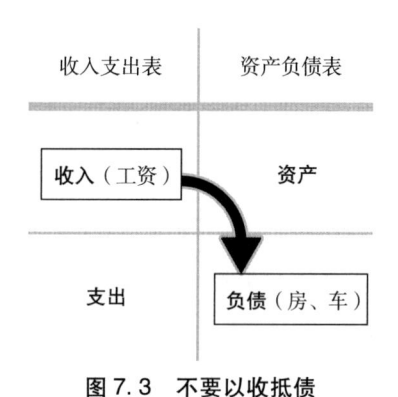

图 7.3 不要以收抵债

戒律三：不要以债养债

你可能认为汽车贷款是相当安全的，但无限投资的第三大戒律是不要"以债养债"（见图7.4）。许多人用信用卡贷款买车。这种做法是不可取的。你需要有一项资产来支付那辆车的费用。比如说，我有一套房子出租，每月产生500美元的正现金流，我还有一笔每月500美元的汽车贷款。好的，没关系，我不承担额外费用，我用资产收益来支付贷款。

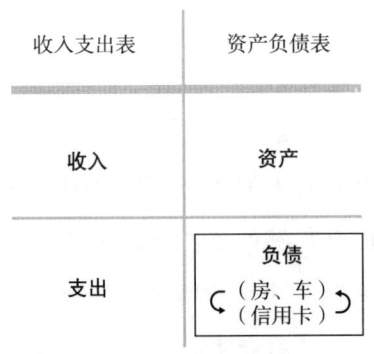

图7.4 不要以债养债

同样的道理也适用于购买游艇、房车或任何其他想要而不是需要的东西，包括整个家庭的开支情况。为了增加清晰度，几乎任何需求都需要确定一个基本的合理预算。例如，我需要代步工具，可能是一辆汽车，但我不需要去买一台宾利，我的基本交通工具将是一辆经济适用型汽车。其他想要的一旦超出这个需要的价格，无论如何都不要通过赊购的方式去购买。不要通过贷款来购买任何想要的东西。

现实而言，如果你可以在一个合适的社区以每月1 500美元的价格租一套合适的房子，那么这也应该成为你买房的预算参考，包括按揭贷款负担，还有保险、利息、维修成本，以及关于住房的所有其他附加费用。你应该避免用借款或信贷来支付你想要而非一定需要的东西。你应该做的是在合适的社区租一套合适的房子，用你能省下的任何额外的钱来积累资产。随着这些资产的增加，你用这些资产的现金流购买负债的能力也会增加。在这一点上，你可能是在购买债务，但你不再是支付债务的人，资产正在为此买单。

失败的循环

多年来，我一直在美国谈论失败的循环，开始我只是把它作为一个建议来谈，但问题愈演愈烈，已经恶化到了近乎国家危机的程度。富人越来越富有，中产阶级却正在被剥削、被摧毁。这就是失败的循环，只有勇敢面对和主动抵御才能战胜它。这是内卷，是仓鼠滚轮①，或是金色牢笼。不管你怎么称呼它，这就是为什么这么多人发现自己身处金融牢笼的深渊，却无力抗拒。

如果你违反了无限投资的原则，你会发现自己身陷失败的循环。所谓失败的循环，简单地说，就是指尽管你努力偿还债务，但你的收入仍不足以支付开支和还债。

因此，你不得不借更多的债务来应付开支。你的负债增加了，你没有资产，而你的负资产越来越多。最终，没有人会给你更多的贷款，你会发现自己要么破产，要么流落街头。是的，这可能

---

① 西方人常用"仓鼠滚轮"（hamster wheel）形容那些循环往复的事情，就如同身陷毫无意义的怪圈。要想改变，就要不惜代价，将心中的那只仓鼠从滚轮中解放出来。——译者注

发生在任何人身上。

只要你决心贷款买车、贷款买房，用学生贷款去攻读学位，或者刷信用卡买一堆高档家具，你就最终会陷入失败的循环。失败的循环直接通向痛苦和悲惨的深渊。失败的循环会让人们付出健康、婚姻甚至生命的代价。不相信吗？在美国，富人的平均寿命比穷人长 12 年。[①]

这个循环造成的问题是：你拼命工作，只是为了欠更多的债务。你"提着水桶"，支付信用卡账单、抵押贷款、学生贷款、房地产税和汽车贷款。你继续刷爆信用卡，支付你的信用卡最低还款限额，什么都没有剩下。因为你一无所有，现在你必须依赖信用卡支付账单，你每个月的透支额都在增加（见图 7.5）。

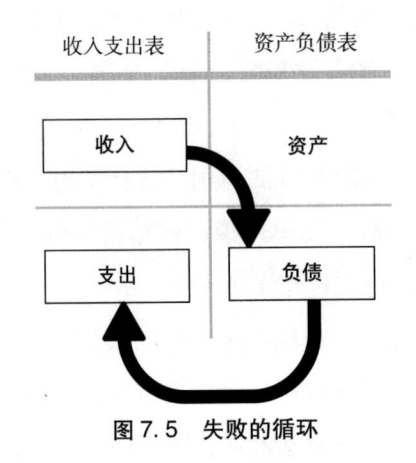

图 7.5 失败的循环

[①] 罗格·卡玛. 美国死亡率的严重不平衡［J］. 新共和，2019-5-10. https：//newrepublic.com/article/153870/inequality-death-america-life-expectancy-gap.

你可能会说："不，我没有这么做。"但是事实上，这种情况屡见不鲜。绝大多数美国人正在经历某种形式的财务破产，而这往往是他们的真实处境。他们麻醉自己——我没有负债，这些是我正在购买的资产，但实际上亏得底裤都不剩。看一看他们的银行对账单，这绝没有夸大其词。很多时候，他们得了健忘症，忘记自己欠有债务。"哦，我忘了还学生贷款，我忘了有一笔汽车贷款。不过这只是一笔小单，我甚至没有想到动用那张信用卡，问题不大。"这些都是一堆自欺欺人的鬼话。你必须勇敢地面对自己，面对现实，直面一切。如果你不这样做，迟早会自食苦果。这就是导致离婚的根源，这就是导致健康问题的根源，这就是导致人们失去希望的根源，这就是导致酗酒、吸毒、自杀等诸多问题的根源。失败的循环这一恶性怪圈带来深重的绝望。一旦你发现自己陷入了入不敷出的陷阱，就必须举债度日、寅吃卯粮。你会发现你在为别人的财富工作，你身陷金融牢笼。我希望你像躲避瘟疫一样避免这种情况，而要做到这一点，你必须坚守三大戒律：

➡ 第一大戒律——不要举债消费，坚决不要。
➡ 第二大戒律——不要以收抵债，坚决不要。相反，必须用资产来购买负债。
➡ 第三大戒律——不要以债养债，坚决不要。

这样做，你就避免了陷入失败的循环。失败的循环意味着无尽的痛苦和折磨。如果这听起来像是说教，那你就当是说教吧。

第 8 章

无限投资的三大法则

一天，查理下班回家，一边开车一边听收音机。收音机里的一位财经频道主持人告诉人们不要买好车，要住小房子，要尽可能地存钱养老。人们不断打电话进来，因为想要好东西而受到了斥责，主持人说他们不需要这些东西。查理想，"我喜欢美好的事物，难道我是坏人吗？这个世界上当然有过度消费，但如果你买得起的话，我不认为拥有一辆好车是罪大恶极。"于是他关掉了收音机。

接下来的一个周末，查理和妻子被邀请与朋友们一起聚会。在那里，查理见到了一个非常成功的朋友，他开着好车，看起来总是很开心。查理讲述了他在收音机里听到的事情，这位朋友评论道："这位电台主持人可能认为好车很贵，浪费钱，所以人们不应该买好车。如果他认为大房子是过度消费，那么人们不应该拥有大房子，如果他认为拥有所有好东西都是过度消费，那么人们不应该拥有好东西。"这位朋友补充道："如果真是这样，我们将生活在一个多么可怕的世界。"查理问这位朋友，电台主持人的真正目的是什么。这位朋友说，我们都有以己度人的习惯。换句话说,"因为他们买不起这些东西,就认为拥有这些东西太过分了"。

听了朋友的话,查理想了很多。有些人永远不会明白,为什么会有人想买一辆法拉利,因为这对于他们来说实在是太贵了。在电台主持人的心目中,他们不得不努力工作才能赚够买一台法拉利的钱,这不值得,所以没有人应该购买法拉利。在接下来的一周里,查理一直在思考,他意识到手机、鞋子、衣服,以及其他任何自由商品也可能如此。食物呢?你还会再去一家高级餐厅吗?

不久之后,查理又在一边开车一边听广播。主持人正在告诉人们,为了省钱,应该每天晚餐吃通心粉和奶酪。从那时起,查理发誓再也不收听这位主持人的广播节目了。

避开那些让你泄气的人

在美国,查理的故事每天都在上演。许多成年人不快乐,他们向任何愿意倾听的人发泄不满,认为自己是体制的牺牲品和受害者。我称这些人为"螃蟹",因为他们本能地把别人也拉下水。如果你曾经逮过螃蟹,你会注意到螃蟹们会为了拒绝逃离水桶而一起合作。事实上,当一只螃蟹即将逃离时,别的螃蟹会把它拉回来。当一个人是螃蟹时,他们往往会告诉你所有你不能做的事情,以及为什么你会失败。他们在阻止别人追随自己的梦想时获得了一种近乎"病态"的快乐。

你想投资股市吗?螃蟹会告诉你,你会亏掉所有的钱,这只不过是一个骗局。你想创业吗？螃蟹会告诉你，90%的创业者熬不过第一年。你想投资房地产吗？螃蟹会告诉你，在大衰退中，每个人都会因为房地产而输掉底裤。

你明白了。螃蟹热衷于让人泄气，他们危言耸听，文过饰非。这些人会告诉你，只有贪婪的人才开好车，只有自私的人才拥有豪宅。他们会将自己的观点强加给你，并将自己的经验作为他们只是想帮助你的神圣智慧。而他们真正做的是分享他们的痛苦，因为痛苦喜欢陪伴。如果他们能把你关在水桶里，那么他们就会对自己被关在水桶里的现状感到好受一点。

事实上，逃离水桶很容易，尤其是当你得到帮助时。如果你是一只被困在水桶里的螃蟹，你会向谁请教如何逃离呢？是那些被困在桶里的螃蟹，还是已经从水桶里逃出来的螃蟹？你当然应该问成功逃跑的螃蟹。遗憾的是，如今大多数人生活在水桶里，无法忍受别人的逃离。相信我，如果你想逃离水桶，不要听那些困在你身边的人的建议，而是要听那些已经成功逃脱，且每天都在帮助其他人逃离的人的建议。

作为一个逃脱了困境的人，我建议你以下方式思考美好的事物。享受美好的事物是可以的，但不必为了这些事物付出不必要的代价。相反，你要购买的是能产生足够的钱来买好东西的资产。不要把法拉利当成你必须为之工作才能买到的东西，你必须为之工作的是这样的资产——它将产生足够的收入来支付法拉利的费用。让资产购买法拉利，你可以拥有任意数量的法拉利。不要再急于买法拉利了，你要购买一项资产，让资产为法拉利买单。

> 享受美好的事物是可以的，但不必为了这些事物付出不必要的代价。相反，你要购买的是能产生足够的钱来买好东西的资产。

这和首席执行官拥有一间豪华的办公室、一辆高级的专车，或者可以乘坐公司的专机没有什么不同。如果这些能够带来更多的利润，那在美国企业界中是理所应当的。相比之下，在个人领域拥有美好的东西通常被认为是一种罪恶。我不是在评判你对资产的使用，我唯一想说的是，你不应该用工资收入来负担一辆好车，你不应该用工资收入来还贷款。你应该购买能够支付这些东西的资产，这样按揭贷款的金额大小或汽车贷款的多少将变得无关紧要，因为你不是在为它工作，你的资产才是。

如果有人走到你面前说："我会给你一辆漂亮的梅赛德斯，我会支付所有的账单，甚至会帮你缴税。"你会说"不"，还是说"谢谢"？如果你在一家非营利组织工作，那里有人说："嘿，我们公司有专车，而且是非常好的车，因为我们和经销商关系很好，他们实际上把车子送给了我们。"你会拒绝吗？换句话说，你反对的是那辆车还是那辆车的价格？如果你不反对那辆车，那就开吧；如果你不用买单，价格就无关紧要。如果你的资产（比如你的租赁房产）正在支付租金或汽车款，那就继续吧。或者，如果你把这些资产创造的收入存起来，然后用这些现金来付款，那么你就不是用你的劳动力来支付。这就成了一个皆大欢喜的局面。

现在，有一些人永远不想要法拉利，我会对他们说："酷，我也不想要，我在皮卡上更舒服。"但我不会告诉他们，他们必须购买皮卡，他们不应该购买法拉利。我只是说，"如果这是你想要的东西，请确保你有负担它账单的资产"。我不会告诉他们必须住在140平方米的房子里，也不会告诉他们不应该住在930平方米的房子里。我会说："如果你想这么做，那么确保你有资产来支付。"这是一种不同的思维方式，但它让一切变得不同。此外，当你买得起这些东西时，它们就变得不再让人梦寐以求。

无限投资的三大法则

如果你遵循无限投资的法则，就再也不用为花钱买好东西而发愁了。这是因为你的购买顺序是正确的。这和早上穿衣服没什么区别，如果你有洗个澡、擦干身体、然后穿衣服的习惯，这看起来自然而然。然而，如果你颠倒顺序，穿好衣服，擦干身体，然后洗个澡，你就会全身湿透。做事的顺序至关重要。

这正是金融领域的运作方式，对于无限投资者来说尤其如此。聪明人购买一项资产，会让它负担开支，然后让它偿还负债。这很简单，对于遵循正确顺序的人来说似乎很容易。如果你颠倒顺序购买债务，用你的收入支付费用，然后尝试购买资产，你会发现你没有剩余的东西可以购买资产，你全身都湿透了。理解正确的顺序并遵循我们接下来将讨论的规则，不仅重要，而且容易，就像早上穿衣服一样简单。

> 聪明人购买一项资产，会让它负担开支，然后让它偿还负债。这很简单，对于遵循正确顺序的人来说似乎很容易。

法则一：用收入购买资产

首先，我们要遵循第一条法则，这是一条简单的法则：用收入购买资产（见图8.1）。

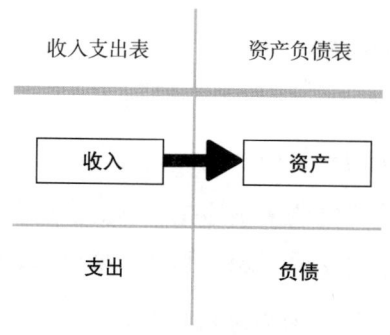

图8.1 用收入购买资产

这样做的目的是用你的收入来购买能养活你的东西。在你说"我买不起某种昂贵的资产"之前，你是在假设我认为你应该出去买一堆出租房地产，或者你可能会说，"我几乎无法支付我的费用。我无法借钱给任何人"。那就从小事做起，你只需要买几只股票就可以开始了。例如，你可以在Robinhood平台[①]上开一个免收

[①] Robinhood是一个提供在线投资和交易平台的互联网金融服务公司，成立于2013年，同年其应用程序上线，开创性地推出了线上投资交易的免佣金模式，投资者无须支付佣金就可以使用该应用程序交易股票、ETF、期权甚至加密货币。——译者注

佣金的账户。填写这些信息大约需要 15 分钟。平台需要几天的时间来审核这个账户，然后你就可以马上购买一只能产生股息的股票。当你购买了支付股息的东西，你就拥有了一项资产。现在你遵守了第一条规则，你正在用你的收入购买资产。

你仍然可能会说，"等一下，我必须先支付日常开支"。好吧，没问题。在这种情况下，你可以利用你的净收入，把你没有花掉的那部分钱投资到一项能给你带来一些收入的资产上。同样，你可以建立一个产生收入的资产组合，这些资产最终将负担你的开支。你正处于积累阶段，你把钱用于购买这些资产，也有可能你会选择拿着资产赚的钱继续购买资产。在你有了一个资产基础之前，你只会继续滚雪球，但第一步是先承诺用你的收入购买资产，而不是负债。

法则二：用资产负担开支

第二条法则是用资产来负担开支（见图 8.2）。

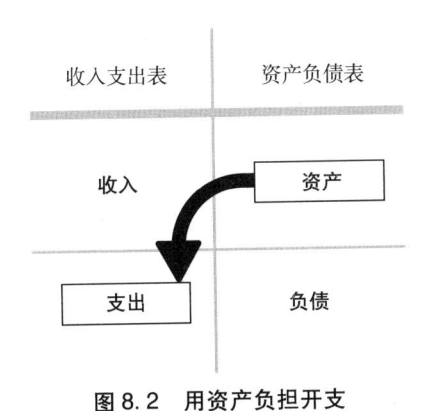

图 8.2　用资产负担开支

记住，这些资产包括租金、版税、利息、股息和短期资本收益。你用你的资产来满足你的需求，在这一点上，你会认真审视自己的需求。我不会让你降低生活标准，只有一个例外——如果你已经处于失败的循环中，那么将不得不改变生活方式。

但如果你不在失败的循环中，你会有更多的自由。我不会跟你说，你不应该去星巴克。我会奉劝你在消费方面保持明智的态度，将建立资产基础作为优先事项。相反，如果你把钱花在昂贵的需求上（可能是负债），你可能会后悔，事后会想，"那是在浪费我的钱，我应该把这笔钱用于一项资产"。尤其是当你马上积累了足够的资产来支付你的开支时，更会这么想。

这一步可能需要最长的时间，因为你的愿望和需求往往会随着时间的推移而增长，尤其是如果你有一个家庭的话。然而，如果你仍然坚持第一条法则，继续投资于资产，这些资产也将继续增长，而且增长速度往往超过你支出的增长。想想有一天工作变成了自愿而不是必须的美好场景吧。当你有足够的收入来自你的股票和房地产投资组合，你就可以满足自己的所有需求，就有了选择工作的自由。

法则三：用资产偿还负债

第三条法则是用资产来偿还债务（见图8.3）。

如果你想开玛莎拉蒂，我不会告诉你不要买。无限投资法则说，你需要一些能产生收入的资产来支付。如果你想拥有一栋超级豪宅，就让你的资产来偿还抵押贷款，让你的资产支付任何贷款和租金。

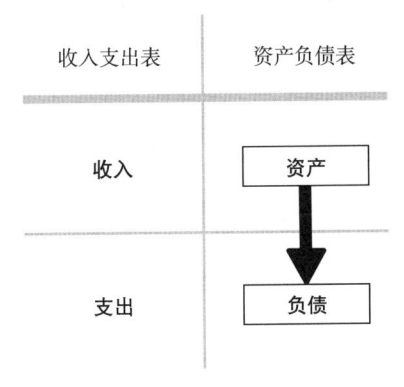

收入支出表	资产负债表
收入	资产
支出	负债

图 8.3 用资产偿还负债

我并不会阻止你得到你想要的东西，只要你不必整天奔劳，提着水桶送水到村里的蓄水池就行。建立你的管道，这样，水就会自动流。遵循这条规则将创造每月、每季度或每年的资金流入。通过这种净现金流，你可以买一栋大房子、买一辆好车。确保有足够的水通过管道来支付与这些事情相关的费用，这样你就不必用收入来开支，你的资产会自行支付。

如果你还没有做到这一点，就继续积累资产，直到这些资产能够产生足够的收入来支付。看看最富有的 2% 的人是如何使用他们的钱的（记住，当你赚了那笔钱时，你会受到税收的打击），他们赚了钱，会立即将其投入能产生无限收入的资产中。例如，在出租房产中，他们知道他们可能不必为所赚的钱纳税，因为这就是所谓的折旧。他们将购买租赁房产的费用从收入中冲销，因此可能不必为此纳税。对此的思考方式是：如果我扛着水桶挣 1 美元，我每挣 1 美元只能留下 70 美分，因为我平均要交 30 美分的税。通过打工挣钱，然后纳税，最后沦为"日光族"。

第 8 章 无限投资的三大法则

如果我从管道中赚 1 美元，我就可以保留那 1 美元。这是因为通过投资创业赚钱、花钱，只需要为净得纳税。在许多情况下，投资所缴纳的税款只相当于工作所得税的一小部分。例如，如果我一年打工赚 4 万美元，我缴纳的联邦税率将高达 12%；如果这 4 万美元源于股息，我的缴税额为 0。通过投资而不是打工赚钱时，你通常会有更强的购买力。

如果你沿着积累资产的道路走，很快就会有更多的钱，因为它没有你的工资缴税那么高。你用这些资产来支付你的费用，当其为你的负债买单时，你可以做一些被称作资产杠杆化的事，也就是通过适当负债来扩大资产（比如通过贷款和其他授信方式），然后用这些钱购买更多的资产，这些资产会不断地复合增长。关键是你要算好账，如果你使用杠杆，要确保它的收益能够覆盖支出。这是一个非常有效的工具，但如果你为杠杆支付的钱比它产生的钱还多，它可能会伤害你。因此，在购买现金流资产时，一定要进行计算，不要忽视杠杆的力量。

持有资产的效应

当复利带来资产增长时，开始阶段增长不会太快，之后会获得动力，急剧增长。这被称为指数增长，它总是伴随着资产复合增长而发生（见图 8.4）。

持有时间越长，复利越大。只有尽可能长时间地持有你的资产才有意义。许多家庭面临的问题是这种复合资产的代际转移出现断层。例如，父母一直在储蓄，他们正朝着陡峭的复合构建资

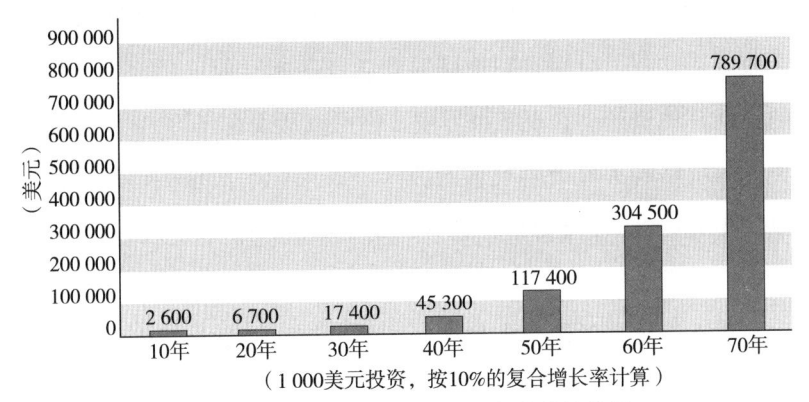

图 8.4　1 000 美元投资每 10 年的增长差异

产的道路前进。当价值在上升时，父母却在某个时候不可避免地去世。两代人之间的年龄差距大约是 30 年。通常情况下，资产继承人会选择抛售，然后指数增长不仅会停止，而且通常会转移到支出上。父母的资产被抛售，导致它们的价值被耗尽，收益往往被浪费了。所以这些资产通常不会达到极速增长的阶段。

如果父母开始得足够早，或者他们不允许继承人变卖资产，那他们可以做到这一点，这是良好的遗产规划的一部分。用一种负责任的方式来增加财富，使其不会耗尽，从而急剧增长，并作为资产提供收入，我称之为 200 年计划。它的中心思想是，如果有足够的时间，无论从什么时候开始，复合增长都必然会呈现为指数增长。在足够长的时间范围内，即使是一美分也会复合成数百万美元，只是需要时间。我们要创造世代财富，所需要做的只是投资复合增长和时间，就像一颗橡子迟早能长成一棵大树。

记住，你在玩大富翁游戏时，首先要购买资产。在你创业的起步阶段，你要用你的钱来购买租赁资产，一旦你有了足够的租金收入，你就可以用它们来换取酒店或垄断行业公司提供给玩家的任何其他资产。在现实世界中，你可以从现在开始，以不到100美元的价格购买可产生股息的股票。如果你明天想买一股，你可以使用Robinhood交易平台进行零成本交易。你可以立即开始做这些事情来产生收入，并将资产现金流收入用于支出。

你不用拼命工作来支付房产按揭、汽车贷款、学生贷款或高息信用卡，你拥有的资产可以产生足够的收入来支付任何款项。你要用你的资产来还抵押贷款，然后努力购买更多的资产。富人就是这么做的，2%的人拿着他们的收入购买资产，然后用这些资产来支付他们的费用和还债。

把"拼命工作来支付房产按揭、汽车贷款、学生贷款或高息信用卡"，改为"拼命工作买公寓楼"，你认为这两种状态有区别吗？在前一种情况下，你是在为他人打工；在后一种情况下，你是在为自己的利益打工。

换个表述："乔丹一年到头工作两班倒，以赚取足够的钱来偿还贷款。"你感觉如何？

现在想想看："乔丹在一年内打了两份工，赚了足够的钱，然后通过证券投资赚了100万美元，以后再也不用工作了。"

感觉不一样吧？两种表述中乔丹都是在拼命工作，但在第二种表述中，你会从同情乔丹变成有点儿嫉妒。在第一种表述中，我们看到乔丹被奴役，而在第二种表述中，我们看到他正在实现财务自由。人生而追求自由，本能地知道被奴役和自由之间的区别。我们在无限投资中所做的就是给你打开牢笼的钥匙。

最好的时机是现在

我已经说得很明白了。如果你还不懂,那么必须回去重读 20 遍,直到你理解它为止。拿着你的钱,马上投资一些能够给你带来现金流的东西。如果你没有足够的钱,那么我将告诉你如何从零开始。

在我与安德森商业顾问公司(Anderson Business Advisors)的首席执行官戴维·加斯(David Gass)的一次谈话中,我们谈到了一位我们都认识的财务规划师。一对 40 岁出头的已婚夫妇来到财务规划师的办公室,他们的年收入约为 4 万美元,他们想退休。财务规划师说:"不可能。"但他看了看他们账户的数字。这对夫妇拥有的租赁房产不仅能支付日常开支,而且他们的生活相当节俭,没有任何债务。他们完全拥有自己的房子,完全拥有自己的汽车。他们没有孩子,所以没有养育孩子的相关费用。他们有足够的资产,不需要工作。财务规划师有点儿震惊,问他们是怎么做到的。他们说,他们总是把 20% 的钱存到一个投资账户中,当存款足够多时,他们就会购买另一处租赁房产。

这就是诀窍。还记得你刚刚读到的关于 1 美分在足够长的时间内变成 100 万美元的故事吗?他们就是这么做的。他们一贯将存款投资到资产中,并坚持投资复合增长的资产。他们在创造财富的同时,没有增加支出。他们确保增加投资,购买更多资产,直到有足够的资金流入,除非他们愿意,否则他们不必工作。

我不是要你一定去买租赁房产,我只是说这是那对夫妇计划的一部分。他们的薪水并不高，但他们做得很出色的一件事就是不让自己的处境恶化。我认识并尊敬的一位出色的演讲者要求客户思考他们 18 岁时的处境。她问他们在人生的那个阶段是否有债务。在你 18 岁的时候，我猜你可能没有任何债务。你当时的财务状况比现在好吗？换句话说，你当时的资产净值是多少？你可能会说 0，因为你没有任何资产，也没有任何负债。好极了，现在呢？你的资产净值是大于 0 吗？你从 18 岁起做得更好了吗？你有多大的成长？如果你的资产净值为正，你每年积累了多少？你可以用你的资产净值除以你的年龄减去 18 岁。例如，如果你 60 岁，而你的资产净值为 50 万美元，那么从 18 岁起，你已经设法每年积累 11 905 美元。这与你每年的收入有什么关系？

遗憾的是，许多成年人都是资不抵债。他们往往在资产问题上掩耳盗铃，高估自己拥有的财产。他们认为："嗯，我的车总可以卖 2 万美元。"不，他们往往会贱卖，可能只能卖到 7 000 美元。他们不得不卖掉自己的房子，但从来没有认真地估值，以便对市场上的实际价值有一个现实的认识，更不用说税收和交易成本了。你应该仔细审视每件事，看看是否真的拥有正的资产净值。

我们中的一些人自以为拥有很高的资产净值，只是因为他们积累了很多东西。然而，如果他们真的认真计算，就会发现，他们的境况还赶不上 18 岁时，基本上是在倒退。从现在开始，你将能够进行准确的无限评估。如果你从今天开始做这件事，并且认真参与无限投资计划，一年后你将能够看到你有多少额外的无限收入。你会发现你已经减少了开支，因为你开始关注它们。你会注意到你的净收入和财务缺口，你会看到它是变大了还是变小了。

最有趣的是，你的资产净值变得越来越不重要，而最终重要的是你创造了多少无限收入，以及你需要多少开支。

当你开始缩小缺口时，你的收入达到无限多只是时间问题。有志者事竟成，这是一个数学公式。就像爬山一样，只要你向上走，最终会到达顶峰。只要你减少浪费，增加资产，你的收入就会达到无限多。

第 9 章

弄清楚你的财富等级

从前，有一个小男孩和他的父母、哥哥从异国他乡搬到美国寻找更好的机会。小男孩读书不多，上了几年学后，在美国的一家棉纺厂找到了一份工作。他只有 13 岁，在棉纺厂每周挣 1.20 美元，就再也没回过学校。

多年来，这个男孩工作非常努力，换过几个职业后，他找到了一份电报信使的工作。通过仔细观察和学习别人是如何发送电报的，这个男孩凭着自己的努力成为一名电报发报员。后来他被调到一家铁路公司。不管在哪里工作，他始终坚持学习、努力工作，并且会取得很好的业绩。铁路公司把他提升到管理职位，当时他才 18 岁。

男孩接触了身边很多的成功人士，跟着他们学习——他投资了各种各样的生意。他明白，他可以向身边的成功人士学到经验和教训，更何况他们都愿意帮助他。多年后，他的投资不断增长，把握了更多的机会，他变得有钱了。

男孩逐渐长大成人，他注意到铁路的迅速扩张带来了机遇。他开始投资从铁路扩建中受益的项目，包括从桥梁到钢铁等上下游企业。最终，他创立了一家钢铁公司，并实现了巨大的发展。后来，他以数亿美元的价格出售变现，将余生奉献给帮助他人获得成功。

这个男孩就是安德鲁·卡内基。

到目前为止，你已经学会了如何为你的无限投资计划进行计算。现在我们来看看隐形的个人财务状况等级。如果我告诉你，我们可以根据一个人的财务处境将其分为农奴、学徒、骑士和管家四个等级，你认为你处在哪个等级？

在这简短但关键的一章中，你将了解这些等级之间的差异，如何定义它们，然后确定你属于哪个等级。接下来我们再讨论如何实现等级的流动和递升。第一个步骤是确定你在哪个位置。

农奴，没有被动收入的人

在中世纪，农奴是被束缚在土地上被奴役的人。这是一种契约劳役形式，农奴和土地通常被捆绑在一起。土地的主人是贵族，农奴在土地上辛勤劳作赚取微薄收入以养家糊口，他们创造出来的价值被用来供养骑士和贵族的穷奢极欲。

在"无限投资"的语境中，农奴是那些没有足够的被动收入或无限收入来满足生活需求的人。对这些人来说，失去工作可能是毁灭性的打击。一场疾病或任何一笔意外开支都会让他们处于风雨飘摇的境况，比如说疫情期间的隔离或停工。这些人往往会被推销签下一笔大单，通常是月供很高的一台高级车或是一栋豪宅，感觉他们就像滚轮上的仓鼠。我们称这类人为农奴，因为他们挣的钱是为别人服务的。如果你记得净值是如何计算的（资产减去负债），你现在可能意识到你的负债是其他人的资产。这些资产由银行、信用卡公司、汽车贷款机构或抵押贷款机构持有。债务由你承担，想要摆脱，往往难上加难。我们先要弄清楚你是不是处在这种境地。

就像中世纪的农奴一样，今天的农奴仍然常常被人摆布。他们工作取悦于别人，他们的房子归别人所有，他们依附于别人。对于没有准备好的农奴来说，生活可能在顷刻间天翻地覆。

学徒，遭受意外损失还能生存下来的人

在中世纪，学徒是一类致力于学习一门手艺并有望成为大师的人。简言之，他们正走在一条深耕某一专业的道路上。他们通常得到某人的扶持，但得到扶持的前提是，他们将继承这个人的事业，成为这个专业中的大师。他们几乎总是受到骑士的青睐，并且随着时间的推移，他们自己也会成为骑士。

在"无限投资"的语境中，学徒是指那些遭受了意外损失还能生存下来的人。不管发生什么变故，学徒的基本需求都可以通过一定数量的被动收入来满足。如果有必要，他们可以减少一些需求，仍然以体面的方式生活。他们有足够的收入来满足所有基本需求，在遇到困难时还可以找人求援。

骑士，不再需要工作的人

在中世纪，骑士因其技能和行为准则而备受推崇。他们精通

作战技巧，通过服兵役换得了土地和财富。

撇开中世纪的背景，从无限投资的角度来看这些角色。骑士已经掌握了无限投资的工作原理，不再需要工作。骑士设法满足了自己的需要和想要。他们通过无限计算（Infinity calculation），使自己的资产净值达到了无穷大，可以做自己想做的事情。他们基本上可以无限期地依靠自己的无限收入生活。

骑士通常会有几个学徒，因为骑士喜欢分享作为骑士的乐趣。骑士是你经常看到的那些为学徒和农奴奔走，同时试图带领他们走向自由的人。因为他们不需要工作，但知道如何工作，所以他们由衷地喜欢挑战和改变。你还会发现骑士在他们认为非常重要的事情上不知疲倦。你会注意到，骑士越来越关注他们的遗产，并在一生中坚持帮助他人。

这并不意味着每一个骑士都是好人，也不意味着骑士就不做坏事。但通常而言，坏人坏事是例外情况。坏骑士通常没有管家管束（我们稍后将了解这些），他们属于游牧民族，没有真正的目标或价值观。在中世纪，这些人是雇佣兵，他们喜欢战斗，但不知道为谁而战。当然，如果他们找到清晰的人生价值目标，并努力成为管家，他们仍然有希望。如果有足够的时间和强烈的愿望，几乎所有的骑士都有能力过渡到管家这一等级。事实上，对于骑士来说，他们的孩子继承父业并决心成为管家的情况并不少见。

管家，真正富有且主动帮助社会的人

管家是那些有足够能力满足所有需求、愿望和期待的人。管家往往会成为慈善家,他们把大部分时间花在帮助他人上,因为这样做对他们来说是有意义的,他们也有能力这样做。安德鲁·卡内基和比尔·盖茨是这类人中最引人注目的两位。有数百万人在获得无限的财富来购买他们心中想要的任何东西后,转而帮助他人,以此作为获得满足感的一种方式。这些人有很多钱,也愿意花很多钱来帮助别人。看看比尔及梅琳达·盖茨基金会所做的一切。"奥马哈的先知"沃伦·巴菲特估计拥有720亿美元的资产净值,他承诺将捐出99%的财富。他们是真正的管家。

你可能会说:"但是,每个人都以某种方式对社会做出了贡献。"是的,然而,只有这些管家才会对财富的分配产生如此巨大的影响。想想安德鲁·卡内基吧,他是20世纪初地球上最富有的人之一。他在1899年写了一篇文章,名为《财富的福音》,这篇文章发表在《北美评论》上,系统阐述了他的观点,即百万富翁是穷人的受托人。他说,白手起家的富人不应该挥霍浪费,甚至没有必要非得把钱都留给他们的继承人。相反,他们应该用积累下来的财富帮助社会变得更强大。卡内基晚年的资产净值估计为4.7亿美元(按今天的价值计算可能为140亿美元)。他在1919年去世前,把大部分财产捐给了慈善机构。他认为,如果你善于赚钱,就应该尽可能多地从社会中赚钱,然后用它来帮助他人。

换句话说,有了适当的激励措施和使用金钱造福大众的社会动力,每个人都会过得更好,不管他们赚了多少钱。无论你如何看待社会,当今社会境况较差的人几乎仍然比100年前的同龄人境况要好得多。创新让我们不把资本视为坏事。如果你擅长赚钱,那就去赚钱,但你应该坚持回馈社会。问题是,通常没有足够的激励措施来促进回馈。比尔·盖茨和他的捐赠承诺计划是一个很好的示例,说明了一个富有且主动帮助社会的人,实际上可以带动富有的同人,让他们把大部分财富奉献给社会。

> 创新让我们不把资本视为坏事。如果你擅长赚钱,那就去赚钱,但你应该坚持回馈社会。

我把那些以完全不同的方式为社会做出贡献的人称为管家。卡内基建立图书馆,他把图书馆描述为一把梯子,可以让其他人沿梯而上达成心愿。伸手抓住梯子的人可以摆脱窘况渡过难关。这是一个致力于向任何愿意改变自己生活境况的人提供知识和能力的地方,也正是我们在无限投资中所倡导的。

密尔顿·史内夫里·赫尔希(Milton S. Hershey)[1] 是管家中的另一个榜样,我经常在遗产规划中以他为例。密尔顿没有自己的孩子,但在 1910 年,他创建了密尔顿好时学校,为孤儿提供免费教育。时至今日,该校还有着从幼儿园到中学(K-12)[2] 2 000 名学生的办学规模。拥有这所学校的好时信托基金价值超过 130 亿美元,并且仍在复合增长。学校只是该基金资助的国家和地方慈善机构之一,所有这些都是由一个想帮助他人的人创造的。这

---

[1] 美国慈善家,好时巧克力公司的创始人。——译者注
[2] 从幼儿园到中学 12 年级的缩写,是北美小学和中学教育的简称。——译者注

就是我所说的管家。

另一个管家的例子是霍华德·休斯。1953年，他利用休斯飞机公司的利润成立了霍华德·休斯医学研究所。它是全球第四大慈善基金会，也是生物医学研究的最大管理者。休斯是一个不同寻常的神秘人物。他去世后，遗产与日俱增，财富也随之增长，成为今天的模样。

所谓管家，指的是这样一类人——他们的需求、愿望和期待在得到满足以后，转而追求以某种有意义的方式为社会做出贡献。有些人不这样做，在我看来，他们错失了机会，非常遗憾。如果你曾经遇到过这样一些，他们真正富有，却仍然感到愤怒和不快乐，这往往与他们错过了获得满足感的机会有关。如果没有正确的指引，财富可能是一种诅咒，因此确定财富的意义是极其重要的。

你在哪个位置

让我们再复习一遍，这样你就可以更好地理解你现在所处的位置。最简单的理解方法是，农奴是指其无限收入低于其基本需求的人。如果你的无限收入是零，你就是一个农奴。你没有无限收入，你的起点是开始积累。如果你有足够的无限收入来满足你的需求，但不足以满足你所想要的，那么你就是一个学徒。

一旦你有足够的钱来满足你的需求，有足够的钱来满足你现在的生活方式，你就是一个骑士，你只需要专注于确保能满足你的愿望。你有足够的、源于无限收入来源的被动收入，如租金、版税、股息和短期资本收益。你可以做你想做的事,这时,你可能会说:"我希望我能做什么呢?我希望能够环游世界,我希望能够做一些其他的事情。"好极了,你的愿望实现了。现在你应该回馈社会,履行社会责任,用你的财富和成就去做一名管家。

在下一章中,我们将学习提升财富等级的具体方法。我将特别关注农奴或学徒,帮助他们成为我们所说的"股市房东"。如果你是一名管家或骑士,你已经走在了游戏的前面,并且已经了解了无限投资是如何运作的,你未来的挑战是帮助他人。我们将重点关注如何帮助那些农奴和学徒。接下来,我将提出一个为期90天的财务计划,以及具体的行动步骤。

第10章

股市，富人投资的地方

圣昆廷监狱里有个叫柯蒂斯·卡罗尔（Curtis Carroll）的犯人，他因传授股票交易知识而被称为"圣昆廷的神谕"。他一生的大部分时间都在监禁中度过，事实上，由于参与了一场拙劣的抢劫案，他最终被指控为谋杀，正在经历长达 54 年的监禁。也因此，他找到股市"圣杯"的方式是非常离奇的。

柯蒂斯入狱时大字不识，但他刻苦自学，逐步学会了阅读。有一天，他在看报纸，以为自己读到的是体育版，结果被摆在面前的信息弄糊涂了。原来他不小心打开的是金融版。他问一个狱友这是什么，狱友的回答是："这是富人存钱的地方。"

柯蒂斯研究得越多，就越意识到金融市场实际上对每个人都是开放的。在接受采访时，他说他一直坚持阅读《华尔街日报》《今日美国》《福布斯》等商业报刊，并说他原来并不认为任何人都能够通过股市赚钱。

他曾与狱友和一些监狱外的知名人士合作，创建了一些帮助穷人了解金融知识的课程。我认为他的一些理论值得一提。他说，任何拥有财富的人都掌握了四个基本步骤，即储蓄、支出控制、谨慎借贷和分散投资。

柯蒂斯因犯下谋杀罪入狱时只有17岁。他的暴力行为和杀人罪责不容姑息，但他逐步意识到，很多人犯罪是因为缺乏金融知识，通过帮助人们学习如何获得财务安全，这将有助于减少犯罪。柯蒂斯向其他囚犯讲解股票市场是如何运作的，并身体力行给其他人带来希望。

股票市场的优势

在这一章中，我将分析富人是怎样做投资的，讨论他们的投资方式与传统投资者有什么不同。在前几章中我们分析到，富人通常有很多种收入来源，比如，租金、特许权使用费、利息、股息、资本收益等。在本章中，我们将对股票市场进行更深入的探讨。股市是我最喜欢的一个赚钱的地方，也是富人广泛涉足的领域。我们对股市并不陌生，但对富人投资股市的诀窍缺乏了解。

数字是最有说服力的，股票的收益率明显优于所有其他资产类型。同时，把投资股票作为谋生之道，还有几个实质性的好处。

第一，你不必雇用员工。这样你既可以获得收入，同时又省去了管理员工所带来的成本、责任和合规问题等诸如此类的种种麻烦。

第二，在股市里，你可以自由买卖，每只股票都很容易找到买家和卖家。如果你以前投资过房地产市场，你会感觉投资房地产市场和股市完全是两码事。房屋买卖成交可能会很慢，买家通常会焦躁不安。股票交易不会这样，虽然你不能控制股票价格，但总会有人愿意向你出售或购买股票。这是股市特有的优势。

第三，只要有互联网连接，你可以在任何地方进行股票交易。只需要一个迅捷的网络和一个线上经纪委托，你就能够灵活自如地管理财富，没有昂贵的办公室租赁费用以及相应的运营成本。

这些还只是股市强大优势的一个方面，除此之外，股市通常能实现整体收益的最大化。每个人都应该在一定程度上参与股市。通过服务富人客户，我知道他们投资股市的方式与传统投资者略有不同。

传统投资者的思维方式

传统投资者通常会购买和持有他们喜欢、熟悉的股票。这种做法非常合理，在大多数情况下也非常理想，只要你投资的钱够多，投资的窗口期够长。传统投资者之所以会陷入困境，是因为时间才是市场上涨的催化剂。让我举一个标准普尔500指数的例子，标准普尔500指数涵盖在美国交易所上市的500强公司，代表了市场的整体表现，它让我们了解市场正在发生什么。这是一个大家常用的市场基准，它多数时候会跟随经济状况而大幅波动。

许多共同基金经理和对冲基金经理将击败标准普尔500指数定为目标。如果你观察一张随时间变化的业绩图表，会发现很多高峰和低谷。你会看到标准普尔500指数在2000年科技泡沫期间上涨，也因为科技股股价的暴跌而在同一年崩盘。接着，我们在2007年陷入了房地产泡沫。在那之后，我们看到了2008年的房地产危机，以及随后的市场大崩溃。然后指数又上升了，这通常被认为是美联储泡沫催化的结果。当时有很大幅度的量化宽松（印钞），人为地让市场膨胀，尽管如此，事情仍开始好转，市场开始回升。

2020年美国总统大选之后，市场又出现了一次真正的大幅上涨，紧接着却出现了新冠肺炎疫情带来的危机和后续影响，以及一场巨大的崩溃。然后是复苏，几乎所有的收益都来自500家公司中的6家。这向你展示了股票市场天然的波动性。我再次强调，如果你买入并持有股票，并且有足够的耐心，传统投资方式确实是一个不错的策略。但问题是，如果你是一个计划在2000年退休的股民，想卖出股票来支付你余生的生活费用，那么你就会受到伤害。为什么？因为此时恰逢股价大幅下跌，而你计划变现的股票价值比仅仅6个月前要少得多。在那次崩盘之后，市场再次反弹，进入房地产虚假繁荣。在下一次反弹中，市场恢复了，一切都很好。所以，从长远来看，只要你不卖股票，你就没事。但随后市场再次崩溃，我们又经历了另一个周期。

我想在这一点上阐述清楚。长期购买和持有的问题在于，当需要卖出股票以帮助支付退休、医疗费用或任何其他用途时，市场可能刚好处于低位。此时你不能去电力公司说："我的股票市值刚刚跌了20%，我能等股价回升时再交电费吗？"不，你必须在股市崩盘期间按时缴费，而这会让你付出高昂的代价。

股市的天性中反复交织着反弹和崩盘。这就是股市的运行方式，它们随时间而波动。如果你是一个传统的投资者，指望在这些年中的某一年（有可能恰巧是股市不景气的一年）从市场上抽走现金，你可能会因为传统策略而陷入困境。如果你跟踪研究了

2000年的崩盘，你会发现市场花了整整13年才回到2000年的水平。而这正是传统投资者甚至交易员纷纷陷入困境的原因，因为他们试图给市场定时。请别误会，在某种程度上，择时是有用的，但很多时候也会适得其反。对照一下标准普尔-道琼斯指数，92%的基金15年后才回到2000年指数点位对应的净值。2019年，只有29%的基金经理击败了标准普尔指数。有很多"专家"在试图择时和战胜市场，但他们往往败多胜少。与标准普尔指数相比，把资金交付给一个更有可能让你赔钱的人是毫无必要的。

> 股市的天性中反复交织着反弹和崩盘。这就是股市的运行方式，它们随时间而波动。

让我们想想市场复苏期间的13年，这是相当长的一段时间，尽管你可能会想，"好吧，作为一个成年人，在我的一生中，13年并不是那么长"，但是看看你的孩子，想想他们的生活在13年后会有多么不同。他们可能已经大学毕业，找到了一份工作，并且一直过得很好。想想他们在13年内可能取得的成就，再对照你和你的钱，还有你的投资目标。当你想到一个传统的投资者不得不坐等超过13年才能回本，这会让人感到非常沮丧，不是吗？

我可以向你保证，在那13年里，仍然有一些人赚到了钱。当然，一些投资者只是坚持等待。也有人在市场崩盘时抛售股票，这种后果是灾难性的。但的确有一些人懂得如何应对市场，他们知道每天都有机会，他们在这 13 年中利用这些机会创造了现金收入。他们在做什么？什么是他们知道而你不知道的呢？

富人如何利用股市

富人不会坐等。他们会利用股息和股票租金（stock rentals）来增加他们的财富。他们以折扣价购买股票，赚取股息，并将这些股息再投资赚取更多钱，还会收到股票的租金支票（rent checks）。这四件事在股市中非常重要，可以为你打开机会的窗口。归根结底，富人专注于做一些事情来降低风险，而不是像传统投资者一样一门心思赚更多的钱。他们想的是尽量减少投资损失。

如何做到这一点？他们会将股市作为获取现金流的通道。这是富人成功投资的关键基础。他们不仅在市场大幅上涨时赚钱，他们还有一种利用股市获得现金的方法，可以让他们在乘坐市场过山车的过程中喘息一下，休息一会儿。正如我前面提到的，股价时涨时跌，剧烈波动。标准普尔 500 指数反弹，接着暴跌，然后再次反弹、暴跌，永无宁日。标准普尔 500 指数和美国所有主要指数一样，总体上保持增长态势，但并非没有起伏。如果传统投资者不知道如何应对这些起起落落，很可能会受到伤害。通过像富人一样进行交易和投资，你将能够避免受到这些波动的伤害，并产生稳定的现金流。然后你的股票就成了财富增长的工具。最棒的是，你的股票每季度、每月甚至每周都会带来现金流。

秘密在于，富人永远不必出售股票来支付他们需要的东西。

当市场崩盘时，他们从不被迫抛售股票。他们花时间去了解哪些股票是创造现金流的资产，并且知道如何利用现金流来促进财富增长。简言之，他们对市场的看法不同于大多数所谓的专家，他们会将股票转化为现金流机器。

关注股息

你需要立即开始考虑购买有股息的股票。正如你在本书前几章所了解到的，股息指的是一家公司分享当期收益，向所有股东分配公司盈利的一部分。越是处于成熟发展阶段的公司越愿意支付股息。很多时候，包括那些知名科技公司在内的新兴企业正在经历巨大的增长周期，它们不支付股息，而是保留现金，并将其再投资于企业发展——它们需要现金来收购其他公司，或者它们尚未实现稳定的盈利。更成熟、更稳定的公司已经经历了长期的增长，并拥有稳定的利润，因此它们持续通过派息来回报投资者。

首先，你可能不确定股息分配是否适合你。这有什么可怀疑的吗？你可能已经知道，持有现金并不是存钱的最佳方式。除非它能获得某种回报，否则年初的1美元在年底的价值约为0.98美元。这是因为通货膨胀导致物品随着时间的推移变得更加昂贵。在美国，年均通货膨胀率约为2%。如果你能把钱投到至少跟得上通货膨胀速度的东西上，你就收支平衡了。相比之下，如果你持有现金，你就会亏损。从历史上看，股息是一种对冲通货膨胀的手段。大多数公司最终支付的股息率将高于通货膨胀率，如果你分得股息就意味着你有所收益。

其次，我认为更重要、更令人兴奋的是，支付股息的股票通常比不支付股息的股票表现更好。这是因为在一段时间内，稳定支付股息的公司经营、盈利状况稳定，因而能够持续支付股息。对你来说，一家公司能否在一段时间内持续发放股息就是一个很好的市场过滤器，如果你接触到的是一批业绩表现持续领先的公司，为什么不投资它们呢？

当你持有一只支付股息的股票时，你就拥有了一个新的杠杆。如果你的经纪人允许，你可以利用股息再投资计划（dividend reinvestment program，简写为 DRIP）。该计划提供了一种简单的方法，可以自动将股息再投资。它的工作原理是派发的股息直接进入你的证券账户，将股息全部或者部分再投资到该公司股票上。因此，你将继续增加股票投资组合。这很好，因为你什么都不用做。通过股息再投资计划，每一个季度都会自动为你购买更多的股票。或者你只是将部分股息再投资于股票，还有一部分股息可以变现，你甚至可以每季度提取一部分现金。这样你就有了一个自动驾驶系统，就是你的股票，它能给你更多的股票或一些现金回报。不管怎样，这对投资者来说都是好事。大多数经纪人都这样做，但也有例外，所以一定要找一个支持股息再投资计划的经纪人。

股息是财富的一个组成部分，它意味着随着时间的推移，股息和原始投资将开始呈指数增长。例如，1929 年以来，尽管标准普尔指数平均每年的股息率仅为 3%~5%，但总体上股息合计占到了标准普尔总体回报的 40%。虽然每次的派息看起来有点少，但积少成多，随着时间的推移，最终的回报可能会非常惊人。

股息之王和股息贵族

在支付股息的企业群体中,有一个非常小的子集叫作股息之王。这些股息之王是指50年或更长时间里每年都在派发股息并持续增加股息的公司。令人印象深刻,对吧?

这样想吧。你叔叔奈德对你说:"我想让你投资我的公司。"你回答他:"好吧,奈德叔叔,我会给你的公司投一些钱,但我想得到一些回报。要么我把钱借给你,你给我利息,要么我把钱放在你的公司,你给我分红。这样我就可以得到一些投资回报。"这是一种古老的投资方式。实际上,你愿意投资,并期望得到回报。

时代变了,投资实践也发生了变化,但不一定是向好的方向发展。思考一下FAANG股票组合——由脸书(Facebook)、苹果(Apple)、亚马逊(Amazon)、奈飞(Netflix)和谷歌(Google)组成。这是一些最受欢迎、业绩最好的科技股组合。问题是,这些公司实际上并没有向投资者支付任何股息。事实上,亚马逊在盈利之前的9年里一直在亏损。所以这些公司常年不派息,但人们投资于它们,希望这些公司继续增长,股票价值继续增加。我们被蒙蔽了,相信投资的公司会永远保持增长,它们的价值也会不断上升。你愿意冒这个险吗?

这里有一个小贴士。因为没有股息,所以如果你不变现,就不能享受投资股票的成长价值,而一旦你想获得这一价值,你就必须卖掉股票,这样你就要为它纳税。如果你以个人退休账户或401(k)账户出售,你可能会认为无须为此纳税。但实际并非如此,当你把钱取出来的时候必须纳税。唯一的例外是你使用罗斯

401（k）或罗斯个人退休账户（顺便说一句，这是每个年轻人都应该拥有的。这是一个存钱的好地方，因为你永远不用为此纳税，如果你在紧急情况下需要用钱，可以随时把钱取出来）。

让我们回到股息之王的讨论。把钱投到这些公司是因为它们为你的投资支付了一些股息。思考一下美国电话电报公司，这家公司目前正在支付5%~6%的股息。这很有趣，因为即使来不及评估经营业绩，它们实际上每个季度都会向股东支付相当大的一笔钱。你将获得5%或6%的股息率，这还没有算上股价上涨带来的价值增长。它们付钱给你是因为使用了你的钱，而不是反过来。现在是谁在为谁工作呢？

在我写作本书时，只有30家公司堪称股息之王。其中包括可口可乐、强生、宝洁和劳氏等公司。它们的共同点是，都支付股息，并在至少50年内持续增加股息。只需略微考虑股票购买时机，投资股息之王可以让你避开市场风险，与伟大的企业一起共享伟大的发展成果。突然之间，你的高质量投资选项更加聚焦，你的投资选择更加清晰。

为什么你要付给经纪人5%或6%的钱去押注某只股票，而经纪人通常采取搅动账户（Churning the account）[①]的买卖交易来获得佣金报酬？因为你不太了解。你要做的是选择那些超级安全的公司，并且有支付股息的长期记录。你为什么要押注一家从不派息的公司？你这样做只是给它们一笔免税或无息贷款，你赌它们

[①] 指经纪人在客户账户上进行的过度交易。这种行为的目的不是让投资者受益，而是给经纪人带来额外的佣金。这也被称为扭曲交易。——译者注

会增长，希望获得长期回报。如果因为某个意外事件急需用钱，你必须以现价抛售股票并缴税。而如果你投资的是一家支付给你钱的股息之王，你可以用股息来付账单。

如果你还没有明白，看一下这个。如果你在1991年年初投资了10万美元到股息之王和标准普尔500指数，差别将是巨大的。记住，标准普尔是每个人都在努力超越的市场基准。在这段时间结束时，你在标准普尔500指数上投资的10万美元将价值1 370 419美元。相比之下，投资在股息之王上的同样金额将价值3 245 873美元。也许这些股息之王看起来并不令人兴奋，也许很多你从来没有听说过。你要想清楚的是，你究竟是为了追求刺激，还是追求投资回报呢？

还有另外一组股票值得关注，它们被称为股息贵族。这些公司已经连续至少25年支付并不断增加股息。这个公司名单要长一点。此外，它们都属于热点行业：消费品、金融、医疗保健、材料、公用事业、信息技术、能源等。你可能感觉到了我对这些公司的热情，所以可能会想："我准备好了，马上就进场！"但你其实应该谨慎一点。

仅仅因为一只股票在股息之王或股息贵族名单上，并不意味着它支付了特别高的收益率（基于股票价格的百分比回报）。相当多股票的股息收益率仅为1.5%或更低。这些公司值得参考，但也有其他一些大公司在较短的时间内一直在稳定派息，这些公司也非常优秀。对一家优秀的公司来说，连续10年增加股息可能是一项伟大的投资；就像如果股票价格太高，连续50年增加股息也可能是一项糟糕的投资一样。因此，在你的决策过程中，有一个重要的考量标准是收益率有多高——我买股票实际上能得到多少股息？

这就引出了一个关键问题。你如何判断什么是好的投资？你如何确定买什么股票？这需要综合考量。你想要某种程度的安全感，这意味着你想要的是一家长期存在的、安全的公司。你想购买它的股票，永远持有它的股票。你想用一笔可观的股息来平衡长期持有过程中的不虞之需，得到一笔可观的现金收入，并获得良好的杠杆作用。我们根据7个标准来确定一只股票是不是一种好的、安全的投资，我将在第12章详细介绍这一点。第一步先要学会读懂每只股票的盘面。

股票盘面

当你看到股息支付时，需要知道它们通常是按季度支付的。让我们以可口可乐公司股票的盘面为例（见表10.1），你会注意到这里有很多信息，包括前一天收盘价、开盘价、买入价、卖出价、当日区间、成交量、市值、市盈率等。我想让你们重点关注的是预测股息和收益率，它会告诉你可口可乐公司会支付多少钱。你会注意到两个数字，1.64美元和3.29%。1.64美元是股息，3.29%是收益率。

让我们先谈股息。值得一提的是，这里标示的是年度股息，也就是说你今年持有的每股可口可乐股票都将获得1.64美元。公司会给你现金支票，或者更好的办法是，如果你使用股息再投资计划，将其重新投资到可口可乐公司中，就可以购买更多的股票。

表 10.1　可口可乐公司的盘面数据　　　　　　（单位：美元）

昨收	49.83	市值	212.753B
开盘价	49.80	贝塔系数（5年月均）	0.55
卖出价	0.00×1 100	滚动市盈率	23.26
买入价	0.00×1 800	滚动每股收益	2.12
当日区间	49.35—50.07	派息日	2020/10/16—2020/10/20
当年区间	36.27—60.13	预测股息和收益率	1.64（3.29%）
成交量	18 445 733	除权日	2020/9/14
平均成交量	15 659 242	未来一年平均预估股价	53.55

资料来源：雅虎财经。

由于股票实际上是按季度支付股息，意味着每季度你持有的每一股股票将获得 0.41 美元的报酬。

收益率的计算非常简单，即股息除以当前股价，你会得到一个百分比。哪个指标更重要？是收益率，还是真金白银？两者兼而有之，因为收益率计算的是股票是否合算。如果你有一只股息为 0.60 美元的股票，但股价达到了 100 美元，相比之下，你的收益率并不高。收益率衡量的是你的回报与实际投资金额之间的性价比。事实上，大多数人都会将收益率置于股息收入指标之上。我喜欢两者都看。我把收益率作为门槛指标看待，3% 的收益率是"起步价"，但如果一家公司的收益率太高，你反而会担心收益率上升的同时股价下跌，这就是所谓的高收益危险。

以福特公司为例，2018 年福特公司的股价是 18 美元，收益率约为 5%。2019 年股价跌到了 8 美元，随着股价下跌，收益率却在上升，2019 年的收益率达到 8%，看起来非常诱人。参照福特公司的股价图，高收益率看起来很有吸引力，但你不会对股价的大幅下跌熟视无睹。相反，你会选择收益率较低但股价更稳定的股票。

在了解股息时，有一些关键术语需要弄清楚。这些信息并不都体现在股票盘面上，但仍然很重要。比如股息公告日，它指的是董事会宣布派发股息的日期："嘿，我们要分红了。"股权登记日是指审查登记以确定股东身份的日期。盘面数据中包含的除权日，我稍后将向你展示，你必须在此日期之前拥有股票才能获得股息，这非常重要。如果在此日期之前没有持有该股票，你将不会收到股息。最后一个是支付日，这也很重要，因为它告诉我们什么时候现金到账，或者通过股息再投资计划获得更多股票。但在所有这些日期中，最重要的是除权日。尤其是如果你还没有持有股票，正试图购买股票以获得股息，那么你必须在除权日（也称为 X 日）之前购买它。

回头看可口可乐公司的除权日。可口可乐公司 2020 年的除权日是在 9 月 14 日，意味着你必须在 9 月 14 日之前持有股票才能获得股息。记住，如果你打算购买股票以获得股息，必须在除权日前至少一天购买。你将在公司公布的支付日收到股息，通常在公司网站上公布。表 10.2 是可口可乐公司即将派发股息的网站公示。

表 10.2　可口可乐公司即将派发股息公示

除权日	金额	频率	支付日	登记日	公告日
2020/9/14	0.41 美元	每个季度	2020/10/1	2020/9/15	2020/7/16

现在你已经清楚什么是股息了，也知道收益率是如何计算的，以及它代表了什么，你要用这些作为筛选股票的标准，你知道什么时候买进股票才能获得股息。这些学起来有些乏味。

持有一只可口可乐股票的全年股息是 1.64 美元，如果你持有 100 股，就能赚 164 美元。好吧，就这个数字本身，听起来并不那么令人兴奋。但我向你保证，随着时间的推移，每年多出的 164 美元会不断增加。可口可乐公司已经连续 57 年提高股息，这意味着可口可乐公司已经连续 57 年提高股息支付金额，更不用说股价的上涨了。

股息的力量

可口可乐公司自 20 世纪初开始派息，从 1988 年算起，其派息增长了 2 300% 以上，并在 57 年多的时间里持续增加派息。现在可口可乐公司的每股股息超过 1.60 美元，了解股息复利对投资回报的影响，可以回溯到 1988 年，当时可口可乐公司的每股股息只有 7.5 美分。

看上去数额不大，但包括沃伦·巴菲特在内的一群非常聪明的投资人士都买入了。到 2020 年，可口可乐公司的每股股息达到了 1.64 美元。这就是股息的迅猛增长和通过股息再投资计划带来的结果。在很长一段时间内，复利的力量会给你带来非凡的结果，而这正是富人用来扩大投资组合和增加财富的方式。

将这一策略与传统投资者的思维方式进行比较，后者购买并持有优质股票，但没能享有复利。他们盼望着自己的股价上涨，

第 10 章　股市，富人投资的地方　157

以便有朝一日能卖出获利。他们希望在股价顶部卖出,而不是行情下跌时"割肉"。他们可能忘记了清仓也需要缴税,所以即使在持有某只股票20年或更长时间后,还会因为欠了沉默的伙伴——山姆大叔①一大笔收益而大吃一惊。

　　因此,当你投资股市时,你已经学会了复合增长的基本原理,但还有一种更厉害的经营策略,我把它称为"做股市的'房东'"。采用这种策略,即使股价下跌也能从股票中赚钱。富人所做的就是成为股票市场的"房东",我将在下一章向你展示如何加入他们。

---

① 代指美国政府。——译者注

第11章

如何做股市中的"房东"

埃里克和莎拉都是有想法的房地产投资者。埃里克住在洛杉矶，莎拉住在印第安纳州波利斯。他们都在同一天晚上收看了同档购物节目，一位大师正在谈论零首付买房。这听起来太好了，感觉不可能是真的，但他们决定看看到底是怎么回事。于是两人都打电话订购了资料。埃里克的包裹到了，但资料丢失了关于出租房地产的内容。由于埃里克对在热门市场赚钱更感兴趣，所以他不在乎资料残缺。莎拉的包裹也到了，但丢失了热门市场系列的部分，只收到了关于出租房地产的材料。

过了几周，在花了一段时间观看该节目并了解其原理后，两人都开始尝试做第一笔交易。令他们惊讶的是，这个项目竟然是真的，他们都能获得房产。两人都非常兴奋，因为他们知道富人的投资组合中总是有房产，他们认为房产是财富的关键。然而，埃里克关心的是下一个热门市场，莎拉更关心现金流。结果，埃里克以50万美元在洛杉矶买了一套房子，而莎拉则以7.5万美元在印第安纳州波利斯买了一套。两人都设法获得了一笔优惠利率贷款，以零首付的方式购得了房产。埃里克认为，洛杉矶的市场非常火爆，他会持有自己的房产，等着房产价值上升。莎拉并不担心她买的房子是否升值，而是专注于找到一个租客以每月800美元的价格租出去。

埃里克对洛杉矶市场的看法是正确的，他的房子在第一年就增值了50万美元。然而，埃里克面临的问题是，仅贷款本金和利息一项，每年就有超过3.5万美元的现金支出。莎拉也有贷款，但每年还款不到5 000美元，她的房租完全能覆盖，每个月还有结余。

埃里克确信他的房产价值会继续上涨，所以他坚持住了。因为有了钱，莎拉又购买了另外的房产，每一处房产都创造了额外的现金收入。洛杉矶的房价时有波动，但总体保持上涨态势。埃里克坚持了10年，他花50万美元买的房子现在价值75万美元——增长了50%。而莎拉此时已经积累了10套房子，平均每套价值10万美元。她每个月的现金流也超过4 000美元。

一天，埃里克和一位精明的投资者聊天时，夸耀自己的房产投资做得有多好。价格上涨了50%，他正在寻求变现。精明的投资者问埃里克："你为什么不把房子租给别人？"埃里克茫然地看着他。埃里克记得，他多年前购买的"投资锦囊"丢失了一半的材料，他想知道丢失了什么。这位精明的投资者回答道："埃里克，这是一个很好的回报，但你没有出租你的房产，丢失了一大笔钱。"

出租你的股票

在上一章中，我们了解了最富有的人在哪里投资。现在我们将学习如何将这些投资的收益翻倍。很多投资菜鸟都不知道这些信息，但在读了本书之后，你就不会是他们中的一员了。欢迎阅读"如何做股市中的'房东'"，这是投资策略中非常有趣的部分。

我们已经讨论了投资正确的股票可以带来高回报的股息。股市中的大多数投资者都像故事中的埃里克一样，正在寻找下一个热门市场。他们在市场上涨的时候押注赚钱。你现在应该知道，这并不是创造稳定且可预测财富的方式。我们希望获得可观的增值，同时还有兼具安全性和稳定性的股息收入。现在我们的讨论进入下一个阶段。

富有的投资者购买并持有优质股票。他们从自己持有的股票中收取股息，然后还做了一些听起来可能不寻常的事情——他们出租自己的股票。这就像一个拥有出租房产的人，就像故事中的莎拉所做的那样。你可能有租赁房产的经验，在某些方面，股票也是同样的原理。如果你有可以出租的房产，你就不会让它空置。股市也是如此。然而，很多投资者让持有的股票完全闲置。这是为什么呢？

> 如果你有可以出租的房产，你就不会让它空置。股市也是如此。然而，很多投资者让持有的股票完全闲置。

对许多人来说，股市是有知识门槛的。他们很快就会被数据

第 11 章　如何做股市中的"房东"　　163

和密集轰炸的投资建议搞懵。股市很容易让人不知所措,在这一章中,我要做的是把它分解成更小的步骤。再说一次,我们要做富人做的事。

以微软公司为例,2000年,微软公司的股价约为76美元。当时,它是一只昂贵的股票,是一家优秀的富有朝气的公司。但后来在2001年市场崩盘时,微软公司的股价跌至22美元左右。当其他股票恢复到2000年的水平时,微软公司的股票并没有随着上涨。这就是我们在股市中所说的滞后股票(lagging stock)。投资者饱受煎熬,困惑不已,直到17年后,微软公司的股票才回到76美元的水平。这是一段相当长的时间。然后,它开始起飞了,但是在这17年里,被套牢的资金很难看到机会,没有现金流,很多人深受其苦。然而,也有例外的情况。

让我们继续深入探讨,接下来我将介绍当很多人受到伤害时,富人投资者是怎样成功规避的。如果你是一个传统的投资者,在那段时间里刚好持有微软公司的股票,你在苦苦等待股价反弹,备受煎熬的结果要么是决定抛售,挥泪甩卖,要么等上17年,等着平仓。触底反弹以后,微软公司做得非常好,股价稳定在每股200美元左右。但那是一段漫长的等待期。正如我所说,很多传统投资者已经对这只股票心灰意冷,放弃了它。他们没有看到任何迹象表明这只股票会回到2000年的水平,于是亏本出售,重新上阵。但当他们这么做的时候,他们就失去了购买这只股票的全部价值。这是因为他们采用的是传统投资者的思维方式,而不是富人的做法。那么,让我们来看看富人投资者的策略。

微软公司在互联网泡沫期间没有派息,但现在派息了,而且多年来一直如此。目前的股息约为 2 美元，股息率可能会有波动，或增或减，或高或低，但一般情况下不会减少太多，除非公司经营遭遇困境。我将坚持让数字说话，介绍富人是怎样做投资的。

如果你以每股 76 美元的价格持有 100 股微软公司的股票，那么你的股票价值为 7 600 美元，每年可获得股息 150 美元。希望你能利用前面提到的股息再投资计划，把股息再投资到更多股票上。我知道一整年里 150 美元的股息收入听起来并不那么令人兴奋，单看这一个数字，不去计算它的复利效应，是没有太大吸引力的。实际上，我在前一章中已经举例说明了股息的价值。是的，每年 150 美元听起来可能不太令人兴奋，但如果你能接受它，然后再增加更多呢？

每一次租房都需要房东

这就引出了我之前提到的一个想法，那就是出租你的股票，成为股票市场的"房东"。通过股票租赁，我们有大量增加现金流的机会，就像莎拉的租赁投资组合那样。你可以这样想：当你在房地产市场出租房产时，你通常每月都会收到租金支票。你可以在股市上做同样的事情，每月收到收入和租金支票，有时甚至每周都能收到支票。

微软公司股票的租金大约为每周 0.2~0.5 美元。一年有 52 周，保守起见，不能假设每周都能租到 0.5 美元，我们取中间值，假设平均每周收租 0.35 美元。对于微软公司股票来说，每周大约 0.35 美元的租金是非常可行的。正如你所看到的，有时可能会少一点，但有时会多一点。再保守一点，只租半年，也就是 26 周。当你学会熟练使用这种策略时，你可能会更频繁地出租，赚更多的钱。

你拥有 100 股微软公司的股票，并将以 0.35 美元的价格在一年中租赁 26 周，那就是当年获得 910 美元的租金收入，还不错。记住，你每年还可以获得 150 美元的股息。你保守地估计你只能出租半年，那么租金收入为 910 美元，股息为 150 美元，这一年的总回报超过 1 000 美元。请记住，这将持续 17 年。在持有微软公司股票一无所获的 17 年间，许多投资者抛售了他们手里的股票。如果他们知道如何成为股票市场的"房东"，他们就可以利用股票作为现金流工具，赚取超过 18 000 美元。

最重要的是，在股价大幅回升后，他们今天仍将以更高的股价持有该股票。如果你不再患得患失，转而把注意力转向购买优质股票，并将其转化为现金流工具，那么你会发现增长的潜力惊人。请记住，仅出租该股票就可以获得 18 000 美元的利润，这是基于一个保守的估计，即仅出租该股票半年。如果你每年租了 3/4 的时间呢？你已经赚了更多的钱。我们计算了 100 股股票的收益。如果你有 1 000 股呢？10 000 股呢？它一直在复合增长。

我只计算了 100 股股票的数字，但如果你持续收到股息，持续开展股息再投资计划，那么，你的复利效应实际上会更高。在那 17 年里，你的收入将远远超过 18 000 美元。同时，你既获得了这些收益，也始终没有丢掉这只优秀的股票。

我知道你现在在想什么，你肯定在想："为什么没有更多的人这么做？"还记得埃里克和莎拉的故事吗？大多数人只能得到一半的"投资秘籍"和一半的钱。他们如此专注于热门股票和升值，以至于要么不知道现金流期权，要么在兴奋中忘乎所以。但就像莎拉的故事一样，真正的秘密在于让你的钱复合增长，利用现金流增加投资。从不被迫出售任何东西，你就不会蒙受损失。通过购买可以发放股息的股票，你就有了现金流。通过卖出期权来出租你的股票，你就可以大大增加现金流。

期权市场

你该怎么出租股票呢？在房地产领域，租赁听起来很简单，但在股票市场该怎样出租股票呢？这涉及期权市场的范畴。期权市场实际上是一个独立的市场，可以为我们提供许多不同于股市的优势。利用期权市场出租股票，能够带来超过股息收入的现金流。股息可以用于对冲通货膨胀，继续杠杆化，帮助我们购买更多的股票。

期权是你和做市商之间的协议，做市商就是和你交易的另一方。你总是可以在股票市场上买进卖出，因为那里有人。有时是真人，有时是电子系统，不管怎样，总会有一个系统、一个人或其他设施保障交易，买卖随时进行。在期权市场上，有人为了购买或出售特定股票的权利而购买或出售某个协议。例如，我可能会以每股 225 美元的价格（称为"执行价"）向做市商出售购买 100 股微软公司股票的权利，为期 4 周，每股 1 美元。我将得到 100 美元作为承担出售义务的报酬。在接下来的 4 周里，无论微软公司的股价是涨是跌，做市商都可以要求我以每股 225 美元的价格出售。如果微软公司的股价是每股 230 美元，做市商仍然可以让我以 225 美元卖出。这就是一份期权合同。

我建议你主要思考如何卖出期权，不要一开始就做买家。有很多期权交易者喜欢购买期权，但这对新手来说是不合适的。我个人认为期权交易员是职业赌徒。我住在拉斯维加斯，知道赌博的平均胜率。成功的赌徒只有个位数，我相信成功的期权交易者也差不多。只有不到 10% 的赌徒会赚钱，但 90% 的赌场（如果不是更多的话）却在赚钱。我想我应该从事的是赌场生意，在期权市场上，股票期权卖方卖出手中期权的做法就类似于赌场生意。

期权总是从合同开始。期权合约有两种，看涨期权和看跌期权。基本的游戏规则是，当你买入期权时，你有一定的权利；当你卖出期权时，你有一定的义务。你有看涨期权和看跌期权，你可以买，也可以卖。让我们先看一下买入过程。

你可以买入看涨期权，它让你有权以一定的价格（也就是所谓的执行价）买入 100 股特定股票。你可以按约定的价格，即执行价，在一段时间内购买该股票。你也可以买入看跌期权，它让你有权在一段时间内以约定的价格出售 100 股股票。我只是介绍一下如何买入，但我们需要认真考虑的是怎样做好一名卖家，就好像经营赌场一样。现在，为了理解股票租赁，我们将成为卖家。如果我们卖出看涨期权，就有义务在特定的时间内以约定的价格交付或出售 100 股特定股票。

我喜欢用房产举例，因为它对很多人来说更好懂一些。假设你要在市场上买一套房子，你找到了一套你中意的、价值 20 万美元的房子，你感到很兴奋。你可以和房主签订合同。你可能会说：

"我现在真的没有现金，但是我给你合同定金怎么样？我会给你2 000美元来支付买你房子的权利。"你设定了条件，2 000美元让你有权在规定的时间内以20万美元的价格买下房子。这是有约束力的合同。你有权在30天内买下这套房子，你为此支付了2 000美元，这就是你签订的合同。该合同的房主有一些义务。在合同期内，他不能把房子卖给任何人，他必须按约定的价格交付房屋。如果你们约定的价格是20万美元，那么他就不能擅自提价到30万美元。如果你最终不买那套房子，那么他会拿走这2 000美元。如果他从合同中扣下了这笔钱，你也就没有义务买房子了。

你得自己决定。如果你不买房子，他可以收走定金。在股票市场上，期权也会以同样的方式发挥作用，就像你在房子上投入的定金一样。把那笔定金想象成一种看涨期权，类似于2 000美元的房屋买卖合同。实际情况是，如果你买入了看涨期权，你就有权以特定价格购买股票；如果你是卖出看涨期权的人，你有义务交付股票。就像你是那栋房子的主人一样，如果你签订了那份合同，他们想买房子，你就有义务完成交付。

优先出租

我建议你先从投资开始，因为交易员和传统投资者都会遇到相同的问题，那就是必须把握好卖出的时机。如果你买入了一个看涨期权，结果不但没有赚钱，反而爆仓了，怎么办呢？你的买入期权价值最终会大幅下降，你最终会赔钱。与其这样做，不如买一只可以出租的股票。我们可以像富人那样，买一只可以出租的股票，而不是买入看涨期权，然后担心时机。如果我们能做到这一点，我们就能通过这些租金支票和股息带来稳定的现金流，走出这个繁荣和萧条交替的周期。否则，我们就会看到市场的涨跌起伏。每个人先是被吓坏了，然后兴高采烈，然后又被吓坏了，然后又高兴了，用像荡秋千一样的方式去赚钱。如果你可以把股票出租作为现金流工具，而不必担心市场波动，那会怎么样呢？

让我们更深入地探讨一下这个策略，因为租金支票实际上是一个期权，你将出售你已经拥有的股票。还记得那份合同吗？我们知道看涨期权是你和做市商之间的合同，它赋予看涨期权的买方在某一到期日或之前以设定价格购买股票的权利，这就是期权买方。

你需要拥有的是股票期权。如果你拥有一只股票期权，你可以在规定的时间内，以执行价向他人出售购买该股票的权利，这就是卖出看涨期权。这是你的租金支票。现在，如果买家选择以执行价购买你的股票，你就有义务交付该股票。就像买房子的2 000美元定金。如果房主把合同卖给某人，而此人回来说："是的，我想要这套房子。"房主就必须卖掉。在股票市场上你也在做同样的事情，因为你拥有股票，所以你在卖出一个有保障的看涨期权。这就是富人多年来一直在做的事情，他们不必出售基础股票，就可以通过投资组合赚钱。

你可以通过出租股票和一路收取股息来赚钱，而不用苦等股价上涨。再以微软公司为例，在17年的时间里不管世事更迭，你一直在收取股息，你在开立备兑期权，因为你拥有基础股票，你在收取17年的额外租金，你仍然拥有一家你喜欢的公司股票，长期来看，这将为你带来好处。

最棒的是，股票上涨、下跌或横盘都无关紧要，因为你有了现金流工具。在本书前文，我谈到了出租房产，以及为什么不用担心出租房产的价值变化，你只要确保有现金流就行了。你要确保有资金流入，因为随着时间的推移，价值会增加。

这是有保障的看涨策略，它的运行原理是这样的：你决心买一只股票，你会从该股票上获得租金支票，或者卖出这只股票的看涨期权，如果股票上涨，你最终会卖出你的股票。如果股票横盘或下跌，你可以保留你的股票，然后在另一天卖出看涨期权。这就是为什么你真的可以拥有微软公司的股票17年，在这段时间里从未出售过，却不断获得租金支票。

但是股票市场上的期权比房地产市场上的期权和租金更为多样化，因为在股票市场上，你可以回购你的期权。在这里我不多展开，只是做个简单介绍。你可以以1美元的价格卖出期权，然后以0.50美元的价格回购。如果期权价格回到1美元，再卖出。如果价格下跌，你可以回购。我们智囊团的很多投资者都在通过这个简单的策略持续赚钱。

再举一个例子。假设你支付12美元购买了XYZ股票，然后决定以13美元的价格出售。你可以以13美元的执行价卖出看涨期权，看涨期权的价格为1.20美元。你以13美元的价格向其他投资者出售了购买你股票的权利，他们可能会也可能不会从你那里购买股票，但不管他们做了什么，你在这笔交易中赚到了1.20美元。这是租金支票。

如果股价涨到14美元，那会怎么样呢？其他投资者可能会选择以 13 美元的价格从你那里购买，而不是以 14 美元的市价。他们可能会把股票买走。可以吗？太棒了。你最终在股票上赚了 1 美元，因为你是以 12 美元的价格买的它。记住，你不是以 14 美元卖的，你是以 13 美元卖的，以 12 美元买的。现在你的股票涨了 1 美元，再加上卖出看涨期权的 1.20 美元，你已经赚了钱，你的投资增加了 2.20 美元。你可以在股价下跌时回购股票或回购期权，但前提是卖出你持有股票的看涨期权。

还有一些其他的方法可以发挥作用。你有同样的 XYZ 股票，那是你以 12 美元买的。假设我们同样以 13 美元卖出看涨期权。我们也得到了同样的 1.20 美元权利金，但 XYZ 的股价降到了 11 美元。你认为会发生什么？如果其他投资者能在公开市场上以 11 美元的价格购买，那么没有人会愿意以 13 美元的价格从你那里购买这只股票。这样的话，如果股票的价格是 11 美元，你就保留该股票。你可以改天再租，但你同时获得了 1.20 美元租金。你不仅保留了卖出看涨期权所获得的收益，还仍然持有股票。

就像你买了 2 000 美元的房子期权，然后你说："等等，我刚失业了，我买不起房子。"好吧，房主继续拥有房子。如果发生了一些事情，使得买了这个看涨期权的人不想买你的股票呢？在这种情况下，没有人会以 13 美元的价格购买你的股票，因为他们可以在公开市场上以 11 美元的价格购买，所以你仍然拥有这只股票。你可以改天再卖出一个看涨期权，你还可以保留 1.20 美元的额外收入。现在有意思了，你是否还担心股价下跌了 1 美元呢？不会，因为你知道股票会涨也会跌。请确保你持有一只优质股票，并确保你做出正确的决策。

备兑开仓策略

再举一例,股票的走势有三种:上涨、下跌或横盘,我们分析一下另一种情况和可能性。如果我们以 12 美元的价格买入一只股票,然后以 1.20 美元卖出看涨期权,约定价格为 13 美元。如果股价刚好涨到或略微超过 13 美元,会发生什么情况呢?这与人们在公开市场上购买股票的价格相同。在这种情况下,你预测会发生什么?这只股票有可能会被行权,也可能不会被行权,各有一半的概率。对于你来说,这两种方式都无关紧要。如果你的股票被行权了,很好,你卖掉了你的股票,赚取了 1 美元的利润和 1.20 美元的权利金。如果你的股票没有被行权,你获得了 1.20 美元的权利金,同时股票还在你手上,可以在下周继续卖出看涨期权。我们将开立或卖出一个看涨期权——在某个时间以某个价格买入股票的权利,它将与我们所持有的股票相对冲,这是有保障的。

这就是备兑开仓策略。因为我们是这一期权的出售者或卖家,我们当然有义务在这段时间内卖出股票。你选择时间段和价格,如果买家选择购买,你必须在该时间段内以该特定价格出售。让我们最后一次回到房子的例子上。你是房子的主人,你把价值 2 000 美元的合同卖给了某人,这让他有权以 20 万美元的价格买下那套房子。在股票市场上也是如此,当你持有股票时,你可以卖出你持有股票的看涨期权。

你可能不愿意考虑这种方法,因为你担心你买不起 100 股微软公司的股票。这不是问题,因为这个策略的优点是你可以将它用于任何可选择的东西。你不必非得购买微软公司的股票或其他高价股票，你可以找到适合你预算的各种投资标的。有些股票的价格在 10 美元以下，或者十几美元、20 美元、50 美元、几百美元以上。总有一款适合你。

> 你不必非得购买微软公司的股票或其他高价股票，你可以找到适合你预算的各种投资标的。

ETF 和 REITs

还有一种工具叫作交易所交易基金（exchange-traded fund），通常被称为 ETF。这是一篮子股票，优于购买共同基金。你不仅可以买一只 ETF，做得比投资共同基金更好，而且可以卖出针对它的看涨期权。你可以对 ETF 采取同样的备兑买入策略。有了 ETF，你没有必要支付各种费用去购买共同基金，你完全可以通过卖出期权和收取股息来使用更多的资金。

同样，还有一种工具，叫作房地产投资信托基金（real estate investment trust，通常被称为 REITs）。ETF 和 REITs 的价格差异很大，这给了你更多选择。投资起步既可以是大开大合，也可以是谨小慎微。相形之下，慢慢开始，由浅入深，从小处着手，可以帮助你更好地理解投资策略的原理和运行机制，这可能是更明智的。如果你刚刚开始学习投资，从长计议，REITs 是一个很好的投资起点。

让我们回顾一下备兑开仓的基本步骤，确保你清楚地掌握了这一投资策略。

第一步是开一个证券账户。第二步是以100股为单位购买股票。接下来就可以卖掉你的股票期权，拿到租金支票。请记住，你会发现发放股息的股票符合7个标准（我将在下一章更详细地解释这一点），其中有两个标准至关重要：一是股息足够高，二是拥有期权市场的股票。假设7个标准均已满足，且你累计持有100股，你就可以卖出备兑看涨期权。你要开仓卖出期权（sell the call to open）——这是行话。你必须仔细盘点你的期权组合，选择风险和收益最佳平衡的期权出售。这意味着你要在赚取租金支票和降低实际出售股票的可能性之间取得平衡。时机的把握非常重要，确保你在卖出期权时以最低的风险获得最佳回报。我建议你卖出虚值期权，这就意味着你卖出期权的价格高于购买股票的价格。

对你来说，最糟糕的情况不过是股票上涨，你卖掉它获利，并保留期权权利金。你还是赚了钱。这是一个非常强大的策略，这就是为什么富人会这么做。一旦你这么做了，你就开立了备兑开仓，然后等待。如果没有被行权，你可以一路收取股息，继续卖出看涨期权。如果被行权，你有两个选择，既可以重新投资同一只股票，也可以找到一笔全新的投资。也许你一直在研究另一只你喜欢的股票。如果你最终卖出了上一只股票，账户里有了现金，那就可以再投资到其他地方。

如果你卖出期权的股票开始下跌，期权的价值也会下跌。如果你以每股 1 美元的价格出售期权，你可以以每股 0.25 美元的价格回购。你可以以低于你支付的价格回购期权（买入看涨期权），如果你担心股票会进一步下跌，你也可以卖出股票。我一般不喜欢卖东西，事实上，我曾经开玩笑说，我的等待期是永远。我买东西是因为我想把它放在我的投资组合里。我只有在以下情况下才卖出股票——股息被大幅削减，发生了某种重大事件，比如丑闻、重大诉讼，或受到颠覆性技术的影响和冲击，让我对公司的发展前景产生了怀疑。否则，我只会坚定持有，让它的股息自行支付。当你有股息和期权时，股票会随着时间的推移自行支付，并将你的损失风险降至零。

简而言之，这就是股市的房东策略。当你以房东的身份使用期权市场时，它绝对能带来惊人的回报。就像我们故事中的莎拉一样，你不必再担心股票涨跌，而是把注意力放在租金上。随着时间的推移，你几乎不会记得（或在乎）股票的买入价格。

第12章

无限分配模型，提高你的财富等级

在前文中，我们介绍了很多内容帮助你了解无限投资。现在我们要把这一切付诸实施。本章将向你展示如何改善财务状况，提高你的财富等级。让你知道富人在哪里投资，知道如何通过卖出股息股票的期权来成为股票市场的房东，这样一来，你的利润就会翻倍，你就会赚钱。我总是告诉人们不要看账面价值，而要看它产生了什么。如果房子或出租物业上方有一个股票代码，实时显示它们的价值，那会让我们发疯。其他资产也是这样，你不需要去关注它们市价的变化，而是要看它们正在产生多少现金流。

现在我将教你如何提高财富等级，从农奴到学徒，从骑士到管家。在本章中，你要学习的是可以立即采取的步骤。你将学会具体的行动步骤、项目方案、无限分配模型，以及如何创建90天财务计划。

你要做的第一件事就是弄清楚你必须投资什么。盘点一下你的净收入，在我稍后将要介绍的分配模型中找到适合你的一款。让我们以第4章中的琼斯一家为例。如果你还记得，他们有1 000美元的净收入，还有1 000美元的非必要开支，这意味着如果竭尽全力，他们可以在分配模型中每月投入2 000美元。

你的情况可能不同。你可能拥有更多，也可能拥有更少，你先设法搞清楚，并确定你愿意承诺的金额。有时候，把它当作每月支付的账单来对待是个好主意，因为你需要结清账单才可以继续生活。所以，设置一个每月定额，就像是支付水电费账单一样。你不一定要设置自动转账功能，但要让它自动起来，这样你不用做任何事情就可以坚持不懈。在财务规划方面，最大的敌人通常是我们自己。

> 在财务规划方面，最大的敌人通常是我们自己。

如果你刚刚起步，手头没有多少资金，你可以在积累的过程中进行虚拟交易（paper trade）。虚拟交易是一种奇特的方式，用假想的货币通过假想的账户交易，但使用市场上的实际数字。Think or Swim平台有一个虚拟交易功能，可以让你通过一个虚拟的账户进行交易，看看你是如何学习和实践的。然而最终，绝知此事要躬行，不能光纸上谈兵。

无限分配模型

无限分配模型是基于我们的一位注册财务规划师所称的耶鲁模式建立的。耶鲁大学的捐赠基金从1985年的10亿美元增长到

2019年的290多亿美元，运行一直非常成功。首席投资官戴维·史文森（David Swenson）在投资组合管理方面有着独特的经验，他认为现金是不断贬值的，因此他专注的是持续性收入、税收优惠投资、多样化的资产配置和另类投资。和我一样，他对共同基金行业总体持怀疑态度，因为基金经理和投资者之间存在利益冲突，且共同基金通常存在过高的费用。

我们从耶鲁模式中提取了许多概念，并将它们简化为任何投资者都可以实现的东西，这被称为无限分配模型。这种模型非常简单，并已被证明在财富增值方面做得非常成功。资产分布如图12.1所示。

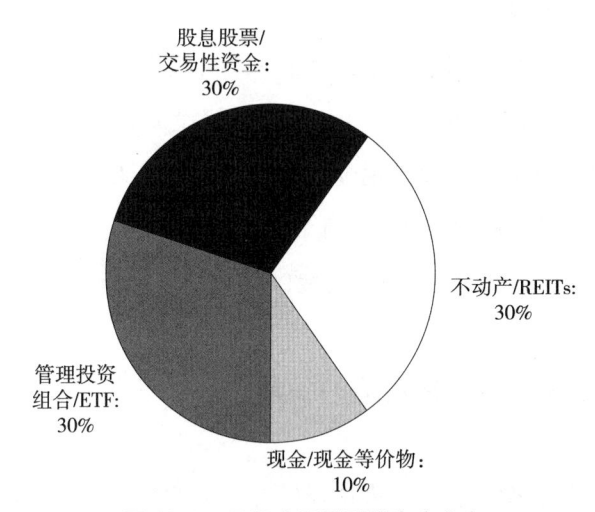

图12.1　无限分配模型的资产分布

第一，通过个人交易账户购买股息股票。你将成为一名股票市场的房东，就像你在第11章学到的那样。

第二，要把钱投入房地产。这并不意味着出去买一堆房子。

我将向你展示如何通过股票市场投资房地产。通过公开交易和私募发行，有很多这样的机会。

第三，将30%分配到一个名为"管理投资组合"的类别中。这意味着你将允许其他人监督一个非常多元化的投资组合。这可能是管理型ETF或其他类型的基金，但不是共同基金。在管理投资组合中，我们将花费不到1%的费用，同时保证了有人全天候关注账户动态，以确保你不会面临风险。

第四，持有10%的现金或现金等价物，以备不时之需。更重要的是，它还将帮助你捕捉随时出现的机会。如果你在机会出现时没有可用的资本，你就无法利用它。我们希望留出一个小小的安全网和机会基金。

如果你的投资刚刚开始，对于一个可投资金不超过5万美元的投资者，我们有一个方法让你起步。假设你从1 000美元开始，你可以将100美元分配给现金，另外900美元买股息股票，你将会累积100股，持之以恒，逐步积累到5万美元。到那时，你的5万美元将是4.5万美元的股息股票和5 000美元的现金。

为你的投资组合选择合适的股票

我们将遵循7个标准来选择所要投资的公司。在我们的无限投资在线团队中，我们对股息持续增长10年、20年、25年以上和50年以上的股票使用以下7个标准。我可以仅就其中的单个标准写一本书，现在我只想先简略地介绍一下它们。这些标准包括：

➜ 价格图表

➜ 趋势图

➜ 期权图表

➜ 股息率

➜ 收入稳定性

➜ 市盈率

➜ 分析师

第一，绘制股票价格的图表，以确保没有高价买进。我们不想成为在股价创下新高后立即购买股票的群体。我们想在一家公司走出高点、跌入低谷，并且正在价值回归的过程中买进它的股票。要做到这一点，我们需要确定股票价格过去是否一直高于当前水平。具体来说，我们想看看在过去 15 年里，该股票是否超过或达到低于当前价格的 5% 以内的价格。我们不想高位接盘。

如果你完全跟随市场，你会意识到有趋势、有支撑线、有上有下，股价往往会在两者之间波动。这些被称为支撑（低位）和阻力（高位）。你不想在高位买进，你想在它触底并开始反弹后购买，你不想在顶部或底部购买。理想情况下，你会在更底部附近而不是顶部区域购买，当前价格与股票之前的某一价位相同。例如，如果 XYZ 股的当前价格是 30 美元，那么在过去 15 年里，它的价格达到过 30 美元吗？如果是，那一时期的最高点是多少？最低点是多少？比如说，在过去的几年里，它一直在 42 美元，并且正在从最近的低点 25 美元一路攀升。如果它今天是 30 美元，它比低点高 5 美元，比高点低 12 美元，这意味着它符合这些标准。

第二，查看股票价格的走势——向上、向下还是横盘（称为通道）。只是有点儿波动，还是已经开始上升了？我们不想在一家公司业绩滑坡时买它的股票，这种情形被称为"去接一把落下的刀"。你要确保股票不是在加速上涨就是在上涨通道里。

你可以通过画一条与所有低点和高点相交的直线来确定任何给定时间段的趋势。① 你可以通过观察这条线来确定股票是向上还是横盘。如果趋势是下降的，那你要躲开（见图12.2）。

第三，股票是否提供期权定价？如果是，频率是每周还是每月，期权的价格怎么样？你可以通过查看主流经纪平台上的期权链接，或者直接访问雅虎财经网站（免费）来判断是否提供了期权，并在调出所有股票报价后点击"期权"选项。

第四，确定过去5年的收益率是否一致。如果是这样，它是否一直超过2%的收益率？收益率可在任何股票报价中查到。

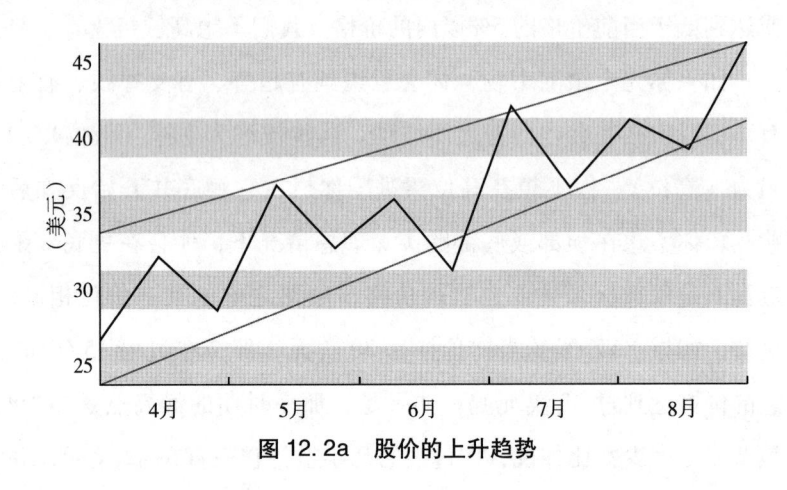

图12.2a 股价的上升趋势

---

① 原文如此。实际技术分析画趋势线，要么都是连接低点为支撑趋势线，要么都是连接高点为压力趋势线。——译者注

图12.2b　股价的横盘趋势

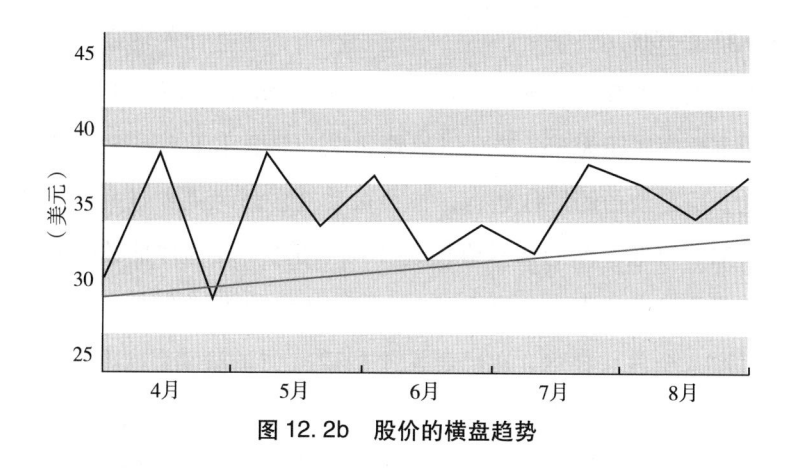

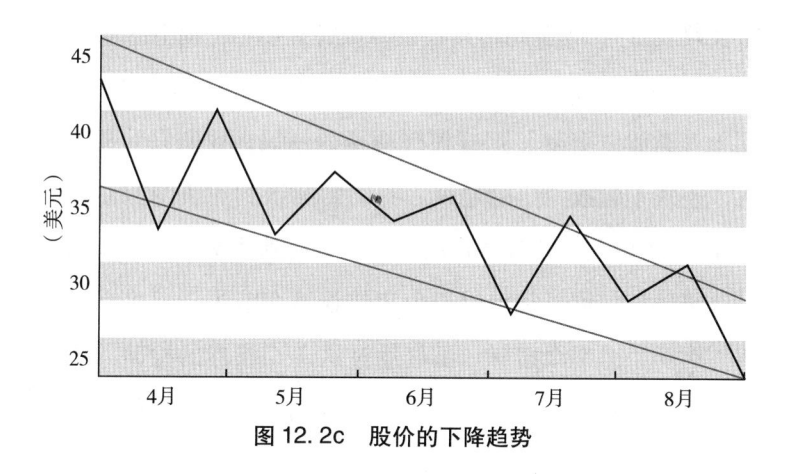

图12.2c　股价的下降趋势

第五，查看这只股票是否有稳定的收入。这家公司可靠吗？它是一家无论经济状况如何都能持续繁荣的企业吗？我们通过观察过去3年来的股票价格是否出现了大幅波动来确认这一点。稳定的股票是指波动在10%以内的股票，当然在爆发新冠肺炎疫情这样的特定情况下可能波动会大一些，这属于例外。你需要查看利润表顶栏，也就是总收入，以确保公司在过去3年中的波动幅度不超过10%。

第六，检查市盈率（price to earnings ratio，简写为PE）。理想的市盈率区间为15~25，但不管怎样，都要小于25。我们希望它处于稳定公司的最佳状态，不会被动摇。高风险和过高价格的股票都不可取，你的选择应该是"优中选优"。这将把数千家上市公司的考虑范围缩小到大约50家，其旁边可能会有一个TTM（连续12个月）提示，这代表了过去12个月的滚动市盈率。

市盈率的计算非常简单，把股票报价除以每股收益（earning per share，简写为EPS）——每股收益也显示在股票报价上。如果一家公司股价为25美元，其收益为每股1美元，则市盈率为25。

第七，查看分析师的报告，以确定是否有人有强烈的意见。不要去管类似"等待"这样模棱两可的建议，我们只看买入、强买入、表现不佳或卖出的建议。我们需要看到正负两方面的评论比例在3∶1以上，或者持正反意见的分析师比例在3∶1以上。

这很关键，可以帮助你避免犯错误。在购买股票之前，你需要逐一对照以上7个指标。虽然通过这7个指标的检验并不意味着就入了保险箱，但它意味着股票基本面不错，触雷的可能性要小得多。

记住，你要关注股息贵族和股息之王。股息贵族是指25年来支付股息越来越多的公司，股息之王是指50年来支付股息越来越多的公司。要击败那些公司是很困难的，它们久经考验。这些公司包括可口可乐、3M、强生、宝洁，还包括糖果制造商蛋卷（Tootsie Rolls）。这些公司规模庞大，不会有成长故事和惊人的消息，有时候会让人觉得很无聊。但同时，这些公司也可能会做一些非常愚蠢的事情，在这种情况下你也会想抛售它们。一旦有这方面的迹象，你都会提前知道，但这种情况非常罕见。

然后，当你累积了 100 股后，你会卖出这 100 股的期权。你将出售虚值期权（out of the money option）[①]。你不会亏损，因为你只会同意以高于买入价的价格出售它。让我们回到本章开头的无限分配模型。我们的想法是，你将在该类别中投资 5 万美元，然后进入下一个类别。

5 万美元的投资组合

→ 针对首个 5 万美元的无限分配模型：

股息股票：4.5 万美元

现金：5 000 美元

从最初的 5 万美元开始，你可以拿出 4.5 万美元投资符合全部 7 个标准的股票，剩下 5 000 美元分配给现金或现金等价物。货币市场基金、储蓄、CD[②]、贵金属都是现金等价物。股市的流动性非常好，一般情况下无论你投资什么，都可以在两天内将其变现，清算也很容易。如果需要的话，你可以在紧急情况下很快拿到现金。你投资的公司真的很无聊，波动不大，因为你不想陷入股价下跌 30% 的情况，那样你不得不"割肉"去支付一些意想不

[①] 指不具有内涵价值的期权。——译者注
[②] 指大额存单。——译者注

到的账单。这是一个可怕的处境，每一个经历过股市崩盘、不得不在大跌中抛售股票以支付账单的人对此都有体会。你不能打电话给公用事业公司问："我能等到股价回升再交费吗？"他们只会把你家的电断掉。幸运的是，即使在 2008 年整个股市暴跌 38% 的时候，那些股息之王也只下跌了 14%。我们要稳健投资，竭尽所能避免大幅波动。

> 即使在 2008 年整个股市暴跌 38% 的时候，那些股息之王也只下跌了 14%。我们要稳健投资，竭尽所能避免大幅波动。

超过 5 万美元的投资组合

→ 首个 10 万美元的无限分配模型：
股息股票：4.5 万美元
房地产：4.5 万美元
现金：1 万美元

当你的投资金额超过 5 万美元，你就可以把部分资金投入房地产方面。这里说的不是让你一定要买出租房产，你也可以通过购买 REITs 来实现这一目的。它们是公开交易的，就像股票一样，但它们的底层地产是房地产。投资 REITs 的好处在于，它只有更多分红才能吸引到投资，它们的流动性很好。

你甚至可以参与私募投资。私募基金传统上只向最富有的投资者——也被称为合格投资者开放。在过去的几年里，这些约束已经大大减少，越来越多的股票可以通过美国证券交易委员会和各州政府为保护投资者而实施的规定提供给普通人。我知道一些人喜欢投资多户房地产，不想把所有的钱都押在一个项目上，他们经常与其他投资者共同投资以分散风险，这是典型的私募操作。而实际上私募的投资范围要更大。在无限分配模型中，投资类型应为房地产，包括单户、多户、移动房屋、房车公园、仓库或类似项目。

我从事房地产投资始于独户住宅。我建议你也这么做，但要专注于价格比大师们教的要低得多的大宗交易。首先，单身家庭住宅总是有市场的，它们是美国梦的体现——拥有自己的家。要密切关注真正重要的数字，我们坚持在失业率低、需求量大的地区投资，也只在交易现金流为正时投资。如果一套房子每月租金为 1 500 美元，并不意味着它就是一笔好交易。而一套房子每月租金为 500 美元，也不意味着这是一笔糟糕的交易。重要的是我们每个月能存多少，需要投资多少。一套每月租金为 2 000 美元、空置率为 25% 的房子很可能会成为一个资金陷阱。相比之下，一套每月租金 1 000 美元，但平均租期为 5 年的房子可能会被证明是一笔可观的交易。这个换算并不复杂，简单体现为租户修缮房屋的成本、税收、保险成本以及实际收取的租金等具体数字。

当我看房子的时候，我会计算出房子每月能租多少钱，然后通过减半来估算实际收入（如果房子每月租金为 1 000 美元，扣除各种费用后，实际上每月能到手 500 美元）。我假设我的费用，包括代理费、保险费、税费、修理费、装修费、空置费和其他预期费用，将至少消耗总租金的 50%。在收取的金额中，你仍需支付按揭，因此在支付所有费用（包括还本付息）后，必须有更多的资金流入而非流出。

举例来说，以 12 万美元的价格买一套房子，租金 1 500 美元。你可能会认为这笔交易很划算。假设它每月到手的收入是租金的 50%，即 750 美元，这意味着它每年的净收入将增加 9 000 美元，还不错。如果你用现金购买，你的收益率将是 7.5%，还可以加上其他增值收入。在商业房地产中，这被称为资本化率（capitalization rate，简写为 CAP），这个指标能帮助我们比较不动产的收益情况。对我们而言，资本化率只是我们计算房产收益的起点。注意，有些不良房地产经纪人会想方设法转移你的注意力，热衷于推介估值水平（可比房产）而闭口不谈资本化率。他们可能会说，"这条街上一栋差不多的房子卖了 5 万美元"。富人会将资本化率作为房产投资的首要考量，因为他们更关心资金收益率，而不是增值部分。资本化率较高的房产通常不愁转手，但估值波动很大，就像股票市场一样。

现在我们假设你在自有资金不足的情况下购买房产，银行的贷款利率是 5%。你每月的还款将是 645 美元，或每年 7 740 美元。你仍然有钱可赚，但赚得很少。如果你对那处房产感兴趣，你会精打细算，确保你知道所有与房产相关的潜在费用。如果实际成本率为 45% 或更低，答案是轻松购买。接近 50% 时，你可能仍然愿意购买，但请注意你的资产负债比有多高。正是出于这个原因，我从不建议任何人将租赁房地产的债务与权益之比降到75%以下，除非有一个特别高的资本化率。在一套价值12万美元的房子上有3万美元的首付，你的月还款将降至484美元，你的处境相对更主动。随着时间的推移，贷款将全额还清，你不仅完全拥有这所房子，还将获得它的升值和持续的现金流。

我们不会很快致富，也不会赚太多钱，但我们会日复一日、周复一周、月复一月、年复一年地获得稳定的回报，而且房产还会升值。如果你愿意，你可以购买独栋别墅、联排或叠拼。我对多户房不感兴趣，更喜欢投资独户住宅。如果你说"5万美元对我来说不算什么"，那么你可以用5万美元在某些社区买两套房子，或者在其他社区花5万美元买一套非常好的房子，这将产生不错的收入流。

话虽如此，如果你有10处房产，而不是一处房产，通常情况下你的境况会更好，因为如果你只有一处房产，且该房产正在空置，你的空置率就是100%。这些数字波动太大，很糟糕。如果你有一处房产的屋顶需要修缮，它可能会耽误你一年的租金收入。所以最好有多处资产来平衡一下。

还要注意的是，这种投资模式并不适用于更昂贵的住房。一旦你每套房子的购买价格超过20万美元或30万美元，你就很难获得合算的现金流收入。资本化率迅速下降，意味着这不再是好的投资，这属于投机。投机住宅是一种常见的投机行为，但不一定适合追求现金流的投资者。现金流投资者的最佳选择似乎在7.5万美元至15万美元之间，根据交易情况略有不同。我熟悉的投资者在这个范围内做得很好。超过这个范围，最后几乎总是要用自己的钱来补贴房产持有成本。这是我们努力避免的事。

超过10万美元的投资组合

可投资资金首次超过10万美元之后，你的分配模型会是什么？10%也即1万美元的现金，4.5万美元的股息股票，还有4.5万美元用于房地产投资。之后，我们涉猎新的投资类型，即管理投资组合。你可以雇用投资经理，也可以参照某个管理投资组合。我的同事的投资风格通常可分为三种：保守、平衡、进取（愿意冒更多风险来赚更多钱的人）。投资经理会为你管理这部分投资组合。你会看到这些投资组合是什么样子的，然后可能会惊讶于其中没有太多不同的东西。它们实际上非常简单，通常都集中体现为ETF。这意味着投资经理用一只ETF基金购买某个行业的很多只股票（其中有许多不同的公司）。ETF的管理方式几乎与共同基金一样，与共同基金相比毫不逊色，也没有任何额外费用。投资经理选择多只ETF来帮助分散风险，同时ETF基金管理人管理ETF以降低风险，这是买一送一。对于你的投资组合，无论规模大小，都可以像管理一个巨大的投资组合一样进行管理，费用通常不到1%。现在有人24小时不间断地帮着监控你的资金收益，你却不用支付购买共同基金的高额费用（1%，相比5%）。

➡ **15万美元及以上的无限分配模式：**

股息股票：4.5万美元（30%）

房地产：4.5万美元（30%）

管理投资组合：4.5万美元（30%）

现金：1.5万美元（10%）

当你的投资规模达到 15 万美元时，你可以在股息股票、房地产、管理投资组合三个类别上分别分配 30%，再把 10% 分配给现金。投资规模超过 15 万美元，分配模型也没有什么两样（有人拥有数千万美元，但他们仍在使用这种模型，因为它是有效的）。假设某人在 10% 的现金分配中有 100 万美元，这并不意味着他只会把钱存入支票账户，他可能在货币市场或其他有息账户中持有。实际上有些人会把它通过各种方式投入股市，比如购买更多的股票、债券，或者其他容易变现的东西。

➜ **100 万美元的无限分配模型：**

股息股票：30 万美元（30%）

房地产：30 万美元（30%）

管理投资组合：30 万美元（30%）

现金：10 万美元（10%）

为了简化分析，再以 100 万美元为例，根据无限分配模型，他们将持有 10 万美元的现金、30 万美元的股息股票、30 万美元的房地产和 30 万美元的管理投资组合。

通过遵循这些比例，你可以负责任地管理你的投资组合，无论其规模大小。你可能想知道接下来的步骤是什么，我将在下一章为你介绍。

第13章

90天财务计划

吉米是大学里最聪明的人之一。他的平均学分绩点是 4.1，这意味着他的平均成绩超过了 A。他是经济学专业班上的毕业演讲人，每个人都认为他前程远大。毕业后，他在其他大学获得了很有声望的职位，成为一名经济学教授，并被公认为该领域最杰出的教授之一。他获得了博士学位，并因专业知识深厚成为媒体争相采访的对象。如果出现危机或大行情，电视节目的主持人都想听听他的意见，吉米很乐于充当这个角色。

唯一的问题是，作为一名著名的经济学教授，吉米却在经济上倍感压力。他认为自己需要住在高档社区、开高档车，但这些都价格不菲。虽然他的薪水很高——属于美国排名前 5% 的高薪群体，但为了维持体面的生活方式，他仍然背负着债务。50 多岁的时候，他意识到自己并没有比毕业时活得更好，他真的很担心退休后必须降低自己的生活标准——如果他想退休的话。

吉米的几个学生已经成为成功的企业家或企业高管。许多人实现了财务自由，却仍然喜欢凡事听从老教授的意见。有一次，吉米改变了方式，开始向学生提问。这一次，学生詹妮弗向吉米征求对房地产市场的看法——房地产销售大幅下滑，詹妮弗对吉米的想法很感兴趣。吉米仔细分析了这些数据，他认为在新的空间用途被发现以前，房地产销售在短期内会举步维艰。詹妮弗向教授表达了感谢，在她离开之前，吉米叫住她："我作为经济学权威很长时间了，但为什么自己在经济上并不宽裕呢？詹妮弗，我做错了什么？"

詹妮弗被问了一个措手不及，回答说："您没做错什么呀，您是这个研究领域的佼佼者。"

教授没有这么好打发，他接着发问："得了吧，你一定有话要说。我做错了什么？"

詹妮弗看着她的老教授说："知识就是知道西红柿是水果，而智慧是知道把西红柿放在水果沙拉里会毁掉它。"然后她笑了，但看到教授没有跟着笑。她变得严肃起来，解释道："有很多非常聪明的人拥有渊博的知识，但如果不采取行动，知识就会被浪费。"

教授回答说："我用我的知识帮助像你这样的学生算浪费吗？"

对此，詹妮弗的解释是："我相信您的教书收入很高，但除非您充分发挥知识的影响力，否则它的价值也就那么回事。"吉米想了一会儿，请她进一步深入分析。"教授，您在大学里每年可以教大约 100 名学生，学校每学时收取 X 美元，因此除非您充分发挥知识的影响力，否则您的报酬通常还是有限的。您可以通过出版作品、创作内容、出售预测报告、知识成果授权、开展智力投资等方式来让您的知识变现。但您选择了将劳动作为主要收入来源，却没有在市场上播种知识的种子，让它们开花结果。"

教授很快就明白了，并回答说："我没有学以致用？"

"没错。"詹妮弗说。

那天晚上，吉米决定要在各个市场上播种他的知识。詹妮弗的话让他刻骨铭心，即使作为学术界最聪明的人之一，他依然是一叶障目，不见泰山。不管是谁，如果他不能撬动时间和才智的杠杆，就永远不会实现真正的财务自由。除非他明智地播下种子，否则他赚取的始终是苦力钱。当他想到这一点时，大笑起来："如果你把用来播撒的种子都吃了，你会得到什么……一堆种子变成的屎。"

现在，让我们讨论下一步。你要马上开始播种，耐心等待开花结果。你要重新种植，直到能靠收成过活为止。在那之前，你需要保留种子，播种，等待它成熟，并开始新的春种秋收。为此，我们需要确定你在无限分配模型中的确切位置。一旦做到了这一点，我们就可以决定接下来的步骤，根据你的可投资资产规模，确定你的无限分配模型会是什么样子。

> 你要马上开始播种，耐心等待开花结果。你要重新种植，直到能靠收成过活为止。

可投资额不足 5 万美元

你的可投资资金不足 5 万美元，你可以从购买股息股票开始。先找到完全符合 7 个标准的股票，投资其中一只，买入 100 股。使用 Robinhood 交易平台或其他免费选项，这样你就不用支付任何交易费用，你所有的钱都直接投进了股票。别忘了遵循我们的无限分配模型，每投资 9 美元，就留出 1 美元现金。把现金存入储蓄账户、货币市场账户或类似账户。你甚至可以买一只债券 ETF，风险非常低，不用担心市场的波动。

一旦达到 100 股，你要做两件事。第一，出售你购买的 100 股股票的期权。无论你的股票平均购买价格是多少，这都将是一个虚值期权。如果你以每股 97~101 美元的价格购买了 100 股宝洁公司的股票，你会确定你的平均支付价格，即用你的总股票市值（你支付的总金额）除以 100。如果平均股价是 99 美元，你只会以高于 99 美元的执行价卖出看涨期权。

第二，你再选择另一只完全符合以上 7 个标准的股票，然后重新开始操作。周而复始，直到你的现金和股票总价值接近 5 万美元。一旦你的资产区间在 5 万美元至 10 万美元之间，你将进入第二级投资。

可投资额超过 5 万美元，但低于 10 万美元

第一步，投资股息股票

首先，你只需要拿出 4.5 万美元购买股息股票。找到完全符合 7 个标准的股票，每只股票购买 100 股，直到你投完 4.5 万美元。记住，要使用免费期权，每投资 9 美元就要留出 1 美元现金。

把现金存入储蓄账户、货币市场账户或类似账户。你甚至可以买一只债券 ETF，风险非常低，不用担心市场的波动。

出售你购买的 100 股股票中的每一股的期权。无论你的股票

平均购买价格是多少，这都将是一个虚值期权。如果你以每股97~101美元的价格购买了100股宝洁公司的股票，你会确定你的平均支付价格，即用你的总股票市值除以100。如果平均股价是99美元，你只会以高于99美元的执行价卖出看涨期权。

其次，用超过5万美元的资金尝试REITs和其他房地产投资机会。同样，记住每9美元投资要搭配1美元现金。你可以找至少两个房地产投资机会进行比较，它们可能是一个租赁资产和一个REITs，也可能是两个REITs，或者一个REITs和一个私募。只要底层资产是房地产，就没关系。你需要养成鉴别和选择投资项目的习惯，这样你就可以在未来发现一个好的交易，并缩短学习曲线。一旦你发现了机会，就进入第二步。

第二步，投资一个机会

鉴别和对比投资机会，首先选择你最满意的投资。现在投资吧。

这是最有趣的一步，投资房地产。如果你投资REITs，感觉就像买股票一样，但这会让你对新的概念和REITs自动支付利润的做法有所了解。如果你投资于房地产实物资产，将会了解作为房东意味着什么，并很快对什么是价值投资、什么是炒作有一个全新的理解。如果你选择了私募，请仔细观察、关注管理人的言行，他们对你负有责任。你可以通过观察和倾听专业人士的意见，了解他们关注的指标以及他们如何投资，从中可以学到很多东西。实践出真知，你应该尽可能多地参与进来。当你和其他房地产投资者交谈时，你会学到新知，掌握新的词汇。根据你所做的投资类型，你将开始形成一种来自该类型房地产实践经验的专业技能。

如果你有更多的资金要投资，重复第二步，直到你的投资额达到 10 万美元，然后对超过 10 万美元但低于 15 万美元的资产进行投资。

可投资额超过 10 万美元，但低于 15 万美元

第一步和第二步参照如上内容，我们直接进入第三步。

第三步，基金组合

如果可投资额超过 10 万美元，但少于 15 万美元，你要么雇用一个投资经理，要么参照一个管理投资组合。我建议你支付一点费用，找一个受托人来管理你的钱。他们通常收取管理资产的百分比费用，并将与你一起确定你的风险承受能力和目标。我偏爱受托人，因为法律要求他们把客户的利益放在他们自己的利益之前。还记得屠夫鲍勃吗？好人，能干的屠夫，但他不是受托人。

我们这部分讨论的投资目标是获得专业第三方的帮助，以继续我们的学习和拓展我们的思维。当然，这也是为了赚钱，但我们真正寻找的是一周 7 天、一天 24 小时无时无刻不在关心我们的钱的人。我们可以了解他们在做什么。这并不是说我们是出于不正当的理由去监视他们，恰恰相反，他们为我们工作，所以我们应该从这段关系中获得最大的利益。因为他们是专业人士，你一定会从他们身上学到一些东西，你可以利用这些东西成为更好的投资者。

如果你还达不到在首选投资经理处开立账户的最低门槛，请参照别人的账户进行投资。这意味着你只需要付费让专业理财师或受托人为你创建一个分配模型（大多数人都会这么做）。或者，你也可以在网上找（有些可以通过订阅获得），然后参照操作，直到你有足够的时间过渡到全职管理。这些投资组合在 ETF 中通常占比很高，所以参照起来并不困难。正如你已经知道的，ETF 也是有管理的投资组合，它们变化缓慢，因为 ETF 中代表了各种不同的利益诉求，通常稳定性更好。

同样，我更倾向于聘请一名受托人，并开始一段长期的合作。只要他们是开放的、诚实的，并且遵循了无限投资的理念，几乎任何受托人都可以提供帮助。你正在寻找那些愿意一路教你的人，所以要确保每个和你交谈的人都能理解并接受这个角色。

一旦你的可投资额达到 15 万美元，那么模型就很简单：10% 是现金，30% 是股息股票，30% 是房地产，30% 是基金组合。每年至少重新评估一次投资组合，每季度不超过一次，并确保正确分配。

可投资额达 15 万美元或以上

不要进入之前的任何级别，因为你的投资将基于总投资的百分比。

第一步，投资股息股票

首先，将 30% 的可投资资本用于购买股息产生型股票。找到符合 7 个标准的股票，以每只股票 100 股的增量进行投资。如果你有一个相当大的投资组合（超过 10 万美元的资本），这可能需要一些时间，因为你不想把所有的鸡蛋都放在一个篮子里。我建议你买入不少于 5 家公司的股票，并平均分配你的资金，直到你分配完你的投资额。

你将出售你购买的股票的期权。无论你的股票的平均购买价格是多少，这些都将是虚值期权。

第二步，投资房地产

将 30% 的可投资资本用于购买房地产资产。仔细思考 REITs 和其他房地产投资机会，以及你分配的资金数额。你可以找至少两个房地产投资机会进行比较和鉴别。比较和鉴别你的投资机会，首先选择你最满意的进行投资，现在开始投资吧。

如果你有更多的资金要投资，重复第二步，直到你投资了总额的 30%。要审慎而行，独立思考每笔交易。

第三步，基金组合

将 30% 可投资资本分配给基金组合，雇用一名投资经理。我建议你支付一定的费用，找一个受托人来管理你的钱。他们通常会收取一定比例的管理资产费用，并与你一起确定你的风险承受能力和目标。

我们这部分讨论的投资目标是获得专业第三方的帮助，以继续我们的学习和拓展我们的思维。因为他们是专业人士，你一定会从他们身上学到一些东西，你可以利用这些东西成为更好的投资者。

别忘了把10%的投资留作现金或现金等价物。我们总是希望机会来临时能得到应急基金，就好像失火时找到消防栓一样。没有什么比在低迷的市场中清算投资组合更糟糕的了，所以拥有这些现金对我们的财务状况至关重要。

遵循规则：10%的现金、30%的股息股票、30%的房地产和30%的基金组合。重新评估你的投资组合不少于每年一次，不多于每季度一次。随着时间的推移，你会发现这种模式远远优于其他任何模式，且更容易遵循。

最后的想法

到现在为止，你应该已经很好地理解了无限投资的意义。这绝对不是一个暴富计划。它是缓慢地、有条不紊地使用策略致富。这些策略经过时间的考验，我知道它们是有效的，因为我看到了成千上万投资者的纳税申报表，看到了谁赚钱谁亏损的确凿证据。美国国税局每年在其年度数据手册中发布大量数据，这是一个信息宝库。最后，美联储（通过其联邦储备经济数据）提供了丰富的历史数据，让我们能够准确地了解不同资产类型的投资在过去几十年的运行情况，从而帮助我们做出决策。有了这些信息，无限投资者就可以开始建造一台经得起时间考验的现金流机器。

每个无限投资者需要克服的是：对在股市和"热门"房地产市场每天上演的短期"轮盘赌"中输钱的恐惧。无限投资者不会把自己的未来押在特斯拉或亚马逊上，因此他们可能会错过一些更大的短期收益。与此同时，他们也在避免因拥有 Napster 和 Infospace 而遭受的破坏。Napster 和 Infospace 是 2000 年互联网泡沫破灭时陷入困境的两家科技公司。相信我，随着公司估值超过合理水平，股价基于炒作和未来潜力而上涨，还会有更多类似的情况出现。

这并不是说你不应该也不能购买投机性股票或投资于潜力巨大的"新贵"。这种投资应该被视为"赌钱"，换句话说，是你可以承受损失的钱。你不应该把房租押注在赌马上，同样地，你也不应该把自己的钱押在投机性股票上，不管这些股票看起来多么"保险"。相反，无限投资者建造了一台庞大的现金流机器。这台机器能够处理经济的大幅波动，同时还能持续地产生现金流。

虽然无限投资者应该以购买无限期资产的心态进行投资，这意味着他们的持有期是永远的，但他们也应该知道，一旦一项资产的收入流受到损害时，就应该当机立断地进行处置。就好比如果你冰箱里的制冰机坏了，就应该立马换掉它。如果你的资产停止产生现金流，它就不再是一项资产，所以现在是时候把它卖掉或用它来换取生产机器了。

无限投资者有懒惰的嫌疑。例如，虽然我们喜欢出售股票期权，但我们也知道，我们每个月只需要半小时就能完成。虽然我们喜欢房地产的现金流，但我们也知道，我们可以在几分钟内确定任何给定房产的收益率。成为无限投资者并不费时，事实证明，要培养任何一项好的技能，大约需要 20 个小时才能真正掌握它（被称为学习曲线）。如果你想成为某方面的专家，可能需要一万个小时（见图 13.1）。

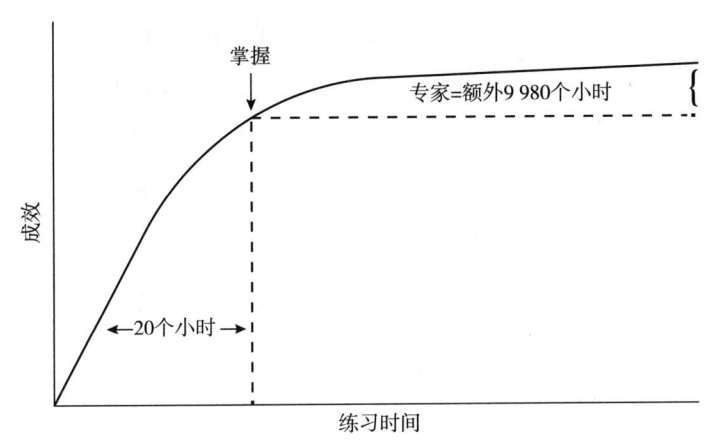

图 13.1 学习曲线

新的无限投资者会很快熟练操作这个系统，比预想的要快得多。阅读本书就意味着你的良好开端。

欢迎来到无限投资的世界。

致谢

本书凝聚了我的投资经验——不仅仅是我个人的经验，还包括我有机会提供指导的数万名投资者的经验（我有机会浏览许多成功投资者的纳税申报表和财务数据），以及接下来提到的其他老师的经验。本书中的许多策略都是我和一些取得了惊人成果的优秀投资者共同开发的。例如，当我写股市"房东"一章时，我非常感谢投资者马凯·拉蒂默。她是我的好朋友，我从1999年开始认识她，当时她持有一个2 000美元的股票交易账户，后来逐步增加到200多万美元。没有她的投入和帮助，我永远无法用文字记录下这些惠及很多人的宝贵经验。我也很感谢杰瑞·吉特，他为我引荐了很多企业家和投资者，也是鼓励我开创自己道路的关键人物。除了这两位，还有许多人为本书提供了意见和灵感，包括戴维·麦克肖恩、埃里克·多德、迈克尔·克莱默、亚伦·亚当斯、克林特·库恩斯、帕蒂·皮里、迈克尔·鲍曼和戴维·加斯等。需要强调的是，本书记录的不是一个人的观点，这是一条由许多人的经验铺就的光明大道，我只是略做整理，以便你择其善者而从之。